親子の体と心をととのえる

「子育て整体」

お母さんのガミガミ・イライラ解消!

井上聖然
INOUE SHONEN

PHP

はじめに

イライラして焦って子どもをせかしたりしないで、見守ってあげなきゃ。
怒ったりしないで、やさしくいいママでいなくちゃ。

いい子育てをしなくちゃと、〝have to〟ばかりを自分に押しつけていると、かえって子育てはつらくなるばかり……。

そんなときは、こころもからだもガチガチで、呼吸が浅くなっていませんか？ からだにムダな力が入って息が浅くなっていると、待つことができなくてイライラ怒ってしまうのは、ある意味しかたがないことなのです。

余裕があって子育てがうまくいっているときは、深い呼吸でリラックスできて、からだもここちよいときです。まず、大きく息を吐いて、かたまったからだをほぐしてあげましょう。そして、自分にも子どもにもhave toよりも、want toを大切にした〝感じる子育て〟を始めましょう。

子育て整体でからだが整うと、息が深くなって余裕が生まれます。ここちよいからだになって、子どもにも自然とやさしくなれ、見守ってあげることができます。うまくいく感覚が取り戻せるので、そのときのここちよい感覚をしっかりつかんでおきましょう。

一生懸命考えてもうまくいかなかったことが、からだを使うとラクにできてしまいます。だんだんと、「余裕のある」状態を、自分で作れるようになります。

あなたはちっとも悪くないし、子どもも本当は悪くないのです。

ここちよいからだと余裕のある深い呼吸で、家事も仕事も、それから生活の全部を、もっともっと楽しんでください。

子育ては、あなたの人生を何倍にも豊かでハッピーなものにしてくれるのですから。

必ずお読みください

※紹介しているエクササイズや健康法は、体質や体調によっては合わない場合もあります。自分のからだの調子や状況に合わせて行なってください。健康に不安のある人、病気の人、妊娠中の人はかかりつけの医師にご相談ください。

＊

※妊娠中の人は、医師と相談のうえで行なう場合も、「目の温湿布」（117 ページ）で目や頭の緊張をゆるめ、「足指まわし」（21 ページ）などでどんどんあくびが出るようにして、骨盤がゆるんでからにします。おなかの赤ちゃんや自分のからだをよく感じて、気持ちいい範囲でのみ行なってください。強くねじったり、反らしたり、うつぶせになったり、とんだりはねたり、手を上げてのびきったりするような動きはしないでください。

＊

※親子で行なうとき、子どもに無理にいっしょにやらせようとしないでください。お母さんが楽しくやっていると、子どもはつられてマネするものです。やると楽しいからやる、気持ちいいからやるのが正解です。前はやったのに今日はしないなら、それでいいのです。ノルマではないのですから、あそびのように楽しんで、親も子もやりたいときに、気持ちよくやるようにしてください。

親子の体と心をととのえる「子育て整体」

もくじ contents

はじめに

PART 1 からだが整えば子育てがラクになる！

子育てと整体 …… 14
快適な子育てのためのこころとからだの使い方 …… 16
【のびのび脱力体操】 19
【足指まわし】 21
子育ては自分のからだ育てから …… 22
からだを整えればこころが落ち着く …… 24
【背骨から動くレッスン❶ 拾う・振り返る】 26
【背骨から動くレッスン❷ 横に動く・縦に動く】 27
息が詰まると行き詰まる …… 28
【背骨呼吸】 29

頭モードから骨盤モードに切りかえる 30
【骨盤歩き】 32
【骨盤時計】 33
【ネコ歩き】 34
自ら育つのを待ちましょう 35
column いるのにいないママになっていませんか？ 38

PART 2

“感じる”子育てのススメ

子どものこころを感じていますか？ 40
のびのび動けるのは集中しているとき 42
感じる背骨を育てる 44
背骨WAVE① 【前後にゆらゆら】 46
背骨WAVE② 【左右にゆらゆら】 47
背骨WAVE③ 【ねじれWAVE】 48
ごろごろするのも大切な動き 49
【アキレス腱の温湿布】 51

本当の要求に気づく 52
言葉に振り回されない 56
「ありがとう」のエクササイズ 57
気持ちを合わせるにはまずからだから 58
あそびも〝感じる〟エクササイズ 62
親子あそび① 【輪くぐり】 63
親子あそび② 【ゆらゆらわかめ】 64
親子あそび③ 【まねっこあそび①】 65
親子あそび④ 【まねっこあそび②】 66

PART 3 こころが通じる〝整体的〟叱り方

叱るときもリラックス 68
【背中合わせ】 71
「みんなハッピー」のエクササイズ 77
叱る前に聴く 80

認められたように子どもは育つ　84
【集まる光のストレッチ】87
どんな叱り方ならOKかを考える　88
やさしく触れるエクササイズ　89
自分に接するように子どもに接する　90
こころに種をまく　92

PART 4 季節に合わせてからだスッキリ！

自然も人も、変わるのが基本の姿　94
春は〝ゆるめる〟　96
春の整体①【手首のブラブラ・ダンス】97
春の整体②【腕のブランブラン】98
春の整体③【股関節のパタパタ】99
春の整体④【足の裏呼吸】100
春の整体⑤【あくびノビノビ】101

初夏は〝出す〟　102
初夏・梅雨の整体①【ブレス・オブ・ファイヤー】　103
初夏・梅雨の整体②【ももの裏のばし】　104
初夏・梅雨の整体③【サイドラインの手あて】　105
夏は思う存分〝汗をかく〟　106
夏の整体①【かかとトントン&ケリケリ】　107
夏の整体②【ももの裏筋肉はじき】　108
夏の整体③【へその6点呼吸】　109
秋は〝ねじれ〟を整える　110
秋の整体①【ねじり体操】　111
秋の整体②【ひざ倒し】　112
秋の整体③【内股ストレッチ】　113
秋の整体④【うつぶせ足の裏呼吸】　114
冬はしっかり〝休める〟　116
冬の整体①【目の温湿布】　117
冬の整体②【手首のブラブラ・ダンス】　118
冬の整体③【腕のブランブラン】　118
冬の整体④【からだスキャン】　119

四季の汗対策 120
【首タオル】 121
【鎖骨窩《さこつか》の温法】 121
【後頭部の温法】 122
column 秋の食事は水分を意識して 115

PART 5 お母さんのからだを整える

お母さんがまずリラックスするイライラしない子育て 124
悩み❶ 肩こり 126
【肩こり体操】 128
悩み❷ 腰痛 130
【こんにゃく温法】 131
悩み❸ 肌荒れ 132
【肝臓の手あて】 133

悩み❹ 冷え性　134
冷え対策①【冷えの急処】　135
冷え対策②【足湯】　135
冷え対策③【脚湯】　136
悩み❺ 月経痛　137
快適な月経期の過ごし方①【月経前】　138
快適な月経期の過ごし方②【月経中】　139
快適な月経期の過ごし方③【月経痛がひどいとき】　140
column 温法でスッキリ!!　136
更年期はからだが完成する最後のステップ　141
おわりに　～キーワードは「ここちよさ」

●装幀　尾﨑篤史（株式会社ワード）
●装画・本文イラスト　はるのまい（ワンダーランド事務所）
●編集・デザイン　株式会社ワード
●校正　株式会社ぷれす／株式会社ワード

PART 1

からだが整えば
子育てが
ラクになる！

子育てと整体

子育てをするのに整体が役に立つと聞いても、不思議に思う人が多いかもしれません。本書では、子育て中の疲れたからだをいやす手段として整体を学ぶわけでも、子どもと触れ合うツールとして使うというわけでもありません。

整体とは本来、からだの悪いところを見つけて治すためのものではありません。人のからだはもともと健康であり、自然に治る力（自然治《ち》癒《ゆ》力）が備わっています。そこで、不調や痛みそのものを治すのではなく、その背後にある〝からだの声〟を聞いて、その要求を満たすことで、おのずと「治る」ようにからだを整えるのです。

この考えを子育てにあてはめてみると、そもそも子どもは皆、素直でキラキラしたすばらしい存在なのです。もし、困った子、扱いにくい子がいるとしたら、それは子どもの性質がゆがんでいるので

はなく、子どもへの接し方を間違えたばかりに、個性が悪い方向に出てしまっただけなのです。

子どものからだの声をよく聞いて、その本当の要求を満たしてあげれば、子ども自身がもっている「育つ力」により、子どもは自然にのびていきます。本書で整体の考え方と手法を学んでいただくことが、その助けになるでしょう。

もちろん、お父さん、お母さんもからだの声を聞いてからだとこころをリラックスさせられれば、子どものことも自分のこともよくわかり、不必要にイライラしたり、からだの不調を感じることもなくなります。

お互いが自然体で触れ合えるので、こころ穏やかな子育てができるというわけです。

まずは、整体的な子育てをしていくうえで大切な４つのポイントをお教えしましょう。

快適な子育てのためのこころとからだの使い方

①感じることを大切に

子育てに「こうあるべき」「ねばならない」はありません。「いい親」や「いい叱《しか》り方」もありません。そんなふうに自分に課していると、自分や子どもが本当は何を感じ、何を考えているのかわからなくなってしまいます。

まずは感じることを始めましょう。身についた「子育てマニュアル」を一度に捨ててしまうのは難しいかもしれませんが、自分にとって何がここちよいか、こころとからだを感じることを始めると、同じ失敗をくりかえすことが少しずつ減ってきます。子どもとも通じ合うことが増えてきます。

②リラックスする

感じるために必要なのが、リラックスすることです。

からだの力はもちろん、こころにある「こうしなくちゃ」という力《りき》みも抜いてしまいましょう。

すると、子どもの気持ちや自分の気持ちを感じやすくなり、マニュアル脱出のきっかけにもなります。

③こころをやわらかく

「これはいい」「あれはダメ」となんでも決めつけていると、こころの柔軟性がなくなるだけでなく、からだまでかたく、こわばってしまいます。逆に、からだがこわばっているときは、こころもかたくなっています。からだをほぐして、こころの柔軟性を取り戻しましょう。

子どもは毎日、からだもこころも成長しています。親のこころがかたくなっていると、その変化についていけず、子どもを親のかたくなこころのほうに合わせようとしてしまいます。変わっていくのがいのちの常ですから、同じところにとどめられようとすれば当然、子どもは反発し、親にとって〝扱いにくい子〟になるでしょう。あるいは変わることを（成長することを）やめてしまい、いつまでも自立できない甘えっ子になってしまいます。

親がやわらかいこころとからだをはぐくんでおけば、子どもの気持ちやからだの変化を敏感に感じ取ることができ、育ちたい方向に上手にリードすることもできます。

【のびのび脱力体操】

寝ころんでゴロゴロしながら、手足をのばしたり、背骨を曲げたりねじったりして、気持ちよくのびをします。ウーンとのびて力をためてから、急に力を抜きます。呼吸が深くなっているのを感じましょう。からだがやりたいだけやります。

POINT 意識的に力を抜くのは難しいですが、一度力を集めてから急に脱力すると、うまくからだの力を抜くことができます。

④からだはていねいに扱う

自分のからだをていねいに扱っている自信はありますか？
からだの使い方が雑だと、疲れやすく、イライラしてしまいがちです。正しいからだの使い方ができれば、体調も子育ても、ぐ～んとラクになります。

手先から動くと首や肩の力が抜けず、ついイライラしてしまいます。からだの中心や背骨から動くとリラックスでき、余裕が生まれます。

親がからだの使い方を見直してムダな力を入れなくなったら、子どもに落ち着きが出たり、きょうだい仲がよくなったという、嘘《うそ》のような経験をたくさん知っています。

少しでもいいから毎日、自分のためにから時間をとってからだに意識を向けてください。そうやってリラックスすることで、子どもへの気持ちの向き方も変わってくるでしょう。

本書を通じて、からだのゆるめ方、ていねいな使い方をマスターしていってください。

【足指まわし】

足の指を小指から親指まで順番に１本ずつ、左右に何度かねじってから、右回り、左回りにぐるぐると回します。指の力を抜き、さわっている指の力を感じないくらいソフトにします。足の指がゆるむことで、足首、ひざ、股《こ》関節《かんせつ》、骨盤までほぐれていく感じを味わいましょう。

POINT **あくびが出ると、うまくほぐれているサイン。最初のうちはあくびのまねでもＯＫ。次第にからだの底からのあくびが出てきます。**

＊「手首のブラブラ・ダンス」（97 ページ）、「腕のブランブラン」（98 ページ）も、からだをほぐすのに最適です。

子育ては自分のからだ育てから

肩こりがひどいからとマッサージしてもらっても、その日はよくても数日たてばまた肩がこり、マッサージに通うのをくりかえしているとしたら、肩こりの根本の原因を治していないからです。

同じことが、子育てにもいえます。

子どもが言うことをきかないのできつく叱る。そのときは言うことをきいたけれど、翌日にはまた同じようなバトルをくりかえしているとしたら、それは子どもの本当の要求を知ろうとせずに、表面だけの対応をしたからです。

子どもの表面にあらわれた言動だけに目を奪われず、その背後にある子どものからだの要求、本当の気持ちに気づくことができれば、子育ての悩みのほとんどは解消します。

そのために、からだを整えるのです。

今のあなたのからだは、今までのこころとからだの使い方の結果です。からだを変えるということは、こころの使い方を変えるということです。逆に、こころを変えると、からだの使い方も変わります。こころとからだは、もともとひとつのものだからです。

自分のからだの声を聞き、こころを整えると、子どもへの対応が変わってきます。自分のからだを育てることが、そのまま子育てにつながるのです。

からだを整えればこころが落ち着く

お母さんは大変だとよくいいます。料理、掃除、洗濯、そして子どもの世話……。疲れてイライラしてしまうから、子どものちょっとした失敗に腹が立つと思っていませんか？　もっとこころが穏やかでやさしいお母さんだったら、子どもがコップをひっくり返したくらいであんなに叱らなかったのに……と反省したり。

でも、家事をしないわけにはいかないし、こころのもち方を急に変えることもできないから、いつもイライラしっぱなしとあきらめていないでしょうか。じつは、こうした悩みにも〝からだ〟からのアプローチが役に立つのです。

どんなに家事が忙しかったとしても、背骨やからだの中心から動いていれば、ムダな力が抜け、同じように動いているつもりでも、まったく疲れ方がちがってきます。からだに負担のかからない背骨の使い方を、次ページから紹介しますので、意識してみてください。

また、腕や肩にムダな力が入っているときや、グルグルと同じようなことを悩んでいるときは、みぞおちがかたくなっているものです。上半身の緊張とみぞおちをゆるめるために、大きくあくびやのびをしてみましょう。歌ったり踊ったり、息を吐きながらからだを左右に揺らしてみたり、からだが動きたいように動かしてあげると、からだが整ってきます。

こころとからだがリラックスしていると、からだの調子はいいし、子どもの気持ちに敏感になれます。親がリラックスしているのを子どもも感じるのか、ぐずることなくご機嫌でいられるので、子どもとのコミュニケーションがスムーズになります。

イライラや不安、焦り、怒りはこころの問題に見えますが、「怒ってはダメ」「悩むのはやめよう」と思ってどうにかなるものではありません。そんなときは、からだを使って解消するのがいちばんです。

【背骨から動くレッスン❶】

◉拾う

ひざだけを曲げるのではなく、イスに腰かけるように、腰から沈めます。腕が前に出るときは、内側にねじるようにするとスムーズです。

POINT 低い位置のものをとるとき、くつをはくときなど、身をかがめるときはいつも意識しましょう。

◉振り返る

腰からねじらずに、ひざを少し曲げて、股関節をまわして振り返ります。

POINT 背骨を痛めないだけでなく、美しく見えるおまけ付き！

【背骨から動くレッスン❷】

●横に動く

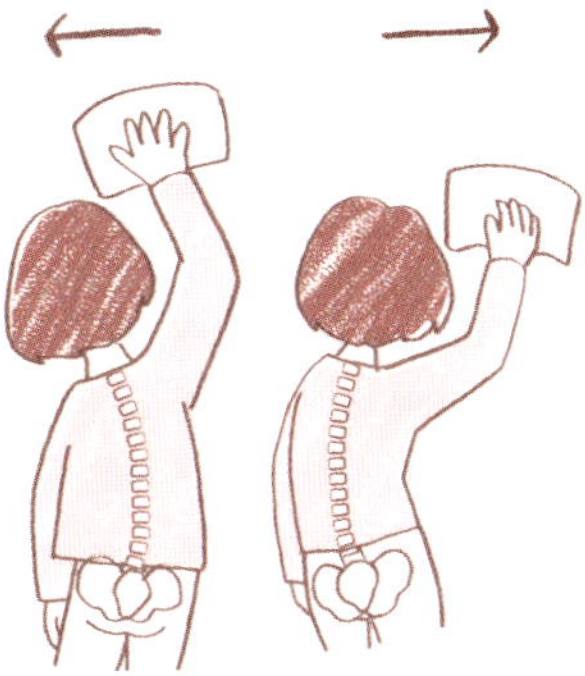

腕から動くのではなく、背骨から動きます。背骨を曲げる側が縮むのだけでなく、反対側が気持ちよくのびるのを感じます。背骨の動きが肩甲骨《けんこうこつ》から腕へと伝わるようにしましょう。

●縦に動く

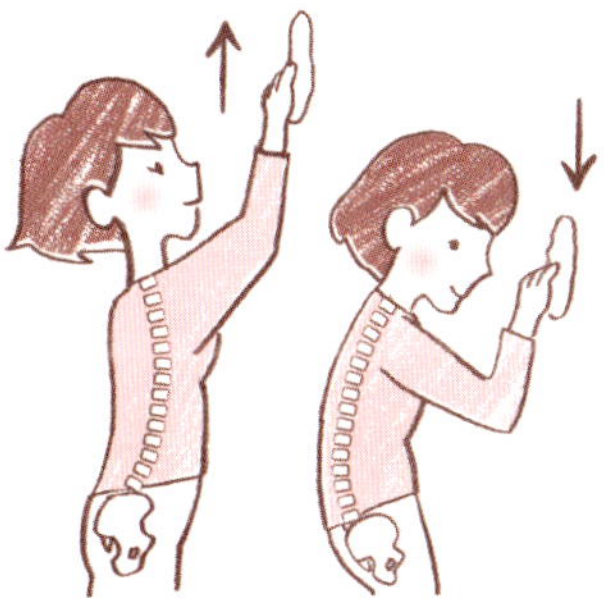

背骨の前後の動き（反る、曲げる）が、肩甲骨から腕に伝わるように意識します。背骨から動くようにすると、必要最小限の力ですみます。鎖骨《さこつ》や肩甲骨、肋骨《ろっこつ》も連動して動いているのを体感しましょう。

POINT 窓ふきをイメージして練習してみましょう。カーテンを開ける、高いところのものを下ろすなど、よく使う動きです。

息が詰まると行き詰まる

「ちゃんと息をしていますか？」と聞くと驚かれる人がほとんどですが、本当にちゃんとした呼吸ができているでしょうか。

深い呼吸をして、呼吸とともに背骨、骨盤、わき腹が動くのを感じましょう。からだの隅々に息が入っているのが感じられますか。手も足も、全身が呼吸しているのです。深い呼吸のためには、まず息を吐くことです。古い息を吐いてこそ新しい息が入ってきます。

からだがかたくなっていたり不安を抱えていると、呼吸は浅くなり、判断力は鈍り、ものごとを悪いほうに考えがちです。行動や考えが行き詰まったときは、深く呼吸して息の詰まりをとりましょう。

子どものこころも呼吸にあらわれます。子どもの様子を観《み》るときは、子どもの言葉や態度だけでなく、呼吸をよく聞いて、息を合わせると、その子の気持ちがわかりやすくなります。

【背骨呼吸】

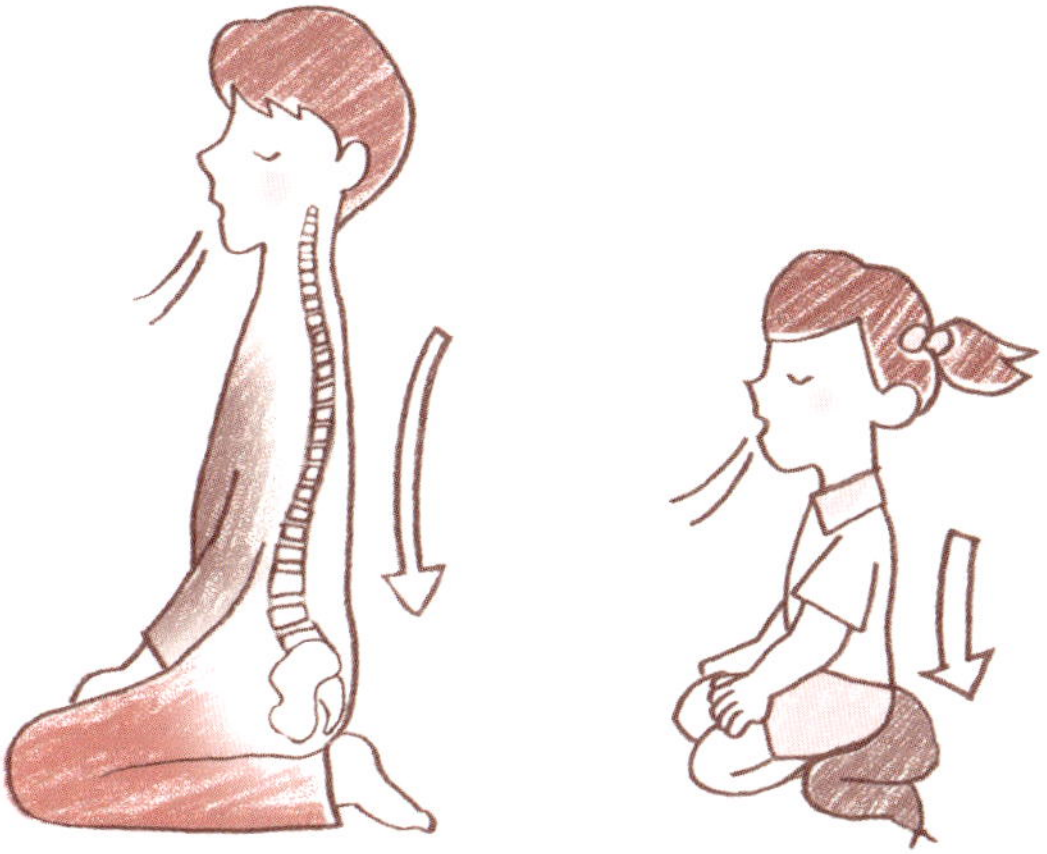

正座をして、吸った息が、後頭部、そして背骨にそって上から下へと流れ込んでいくのをイメージします。おなかや腰にまで深く息が入ると、自然に腰がのび、姿勢がよくなります。呼吸が浅い人は無理に吸おうとしないで、気持ちよく動きながら、まず息を吐きましょう。自然に息が入ってきます。

POINT 姿勢が悪いのを筋力で正そうとしても疲れるだけですが、この背骨呼吸をすると、ラクによい姿勢を維持できます。正座ができない場合は、おしりの下に二つ折りにした座布団を敷いてあぐらで行なっても、イスに座って行なってもＯＫ。

頭モードから骨盤モードに切りかえる

最近のお母さんがたと触れ合っていると、気になることがあります。たとえば、「こうしたらいいですよ」とアドバイスしても、「でも、○○さんがこう言ってました」「○歳ごろにはこれくらいできて当然なんじゃないでしょうか?」というように、外部から得た知識、情報、そしてそれらをもとにした思いこみに縛られていて、子どもの要求や気持ちを感じることができなくなっているように思うのです。

私はこれを、「頭モード」と呼んでいます。

学校でよい成績をとる、あるいは会社で効率よく仕事を進めるためには「頭モード」も必要です。でも、子育てを頭モードでやろうとすると、必ず失敗します。なぜなら子どもは一人ひとり別々の個性をもっていて、親も別々の個性をもっていて、その組み合わせである親子関係はどれをとっても同じものはなく、「これが正しい」とされる正解を求めて行動しても、そのとおりになるはずがないからです。

子育てのときは、からだをよく観て、こころをしっかり感じるためにリラックスした状態＝「骨盤モード」になることが基本です。

頭モードで知識に縛られていると、かえって目の前の子どもが出しているサインを見落としてしまいます。骨盤モードでリラックスして、子どもの気持ちを感じましょう。

次ページからの「骨盤歩き」や「ネコ歩き」は、小さな子どもでもできる骨盤を育てるためのレッスンですので、親子のあそびに取り入れてみてください。やっているとあくびが出てくることがありますが、それはからだが芯《しん》からリラックスできている証拠です。

●骨盤の主な構造

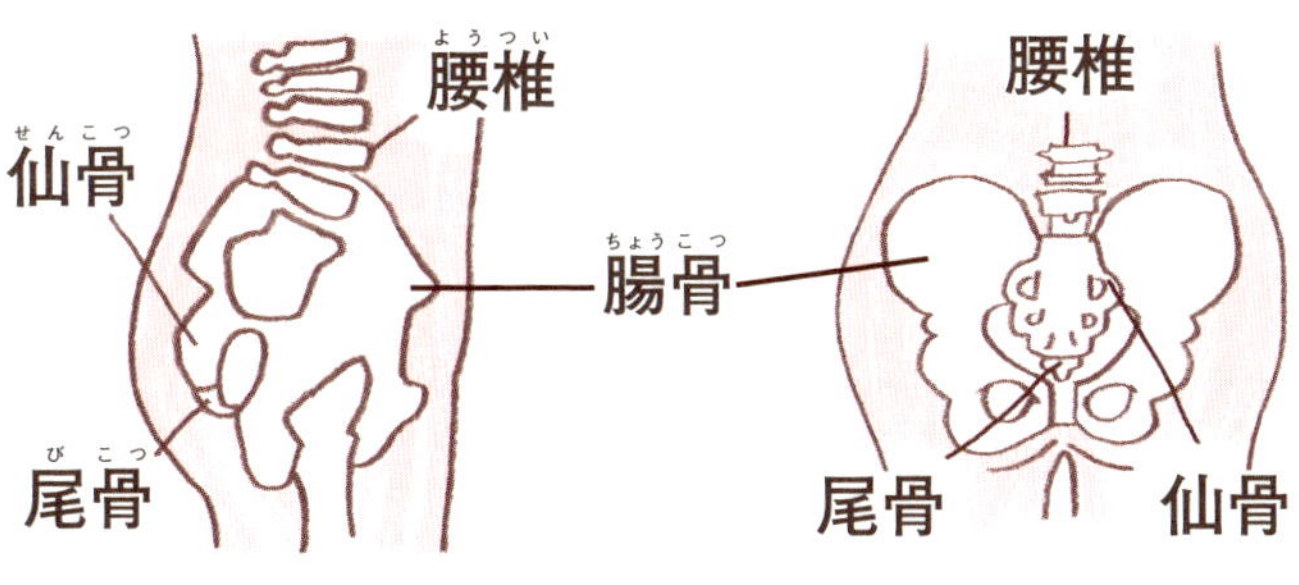

【骨盤歩き】

壁に背中をつけて両足をのばして座ります。両手をからだの中心（おへそのやや下）にあて、そこから動くことを意識して骨盤で動いていきます(実際にはおしりで歩く感じ)。1メートルくらい進んだらバックしてもとに戻り、休みます。

POINT 骨盤モードになるには、目や頭などの神経系の緊張をとっておくことが大切です。「足指まわし」(21ページ)などで、あくびが出るくらいリラックスできてから行ないましょう。

＊妊娠中の人は、安定期に入ってから、無理のない範囲で行なってください。

【骨盤時計】

ひざを立ててあおむけになり、おへそを中心に、おなかに時計の文字盤をイメージします。8時、4時、1時、10時……というようにアトランダムに時間を言って、その部位を息を吸いながら床から浮かせ、吐きながらゆっくり下ろします。全部の数字ができたら終わります。

POINT 親子でかわりばんこに時間を言い合ってもいいし、まだ時計が読めない子の場合、親がタッチしてあげましょう。

【ネコ歩き】

ひざをついてよつんばいになり、歩きまわります。ネコやトラのように、肩甲骨や背骨がしなやかでやわらかく、自由に動くのを意識して動きましょう。骨盤がほぐれて気持ちよくなる程度まで行ないます。

POINT からだの使い方がかたよらないように、右回りや左回りなどいろいろな動きをしましょう。大人より、子どものほうが得意な動きかもしれませんね。

自ら育つのを待ちましょう

子育てにおいては、〝待つ〟ことが必要です。

子どもの成長は機械のように一定ではないので、これをしたから明日にはこれができるようになる、というものではありません。教えたらさっとできることもあれば、何度教えてもできないこともあります。そして、これまでできなかったことがある日突然できるようになって、驚きをもたらしてくれることもあります。そうした成長のためには、相手の中に〝育つ力〟があることを信じて待つことが必要なのです。

しかし子どもの成長を願いながら、待てない親も多いものです。子どもが何かをしていると、「こうしたら？　ああしたら？」と子どもが考えるより先に提案したり、「そんなんじゃダメよ」「ほら、失敗した」と子どもの取り組みを否定したりしてしまいがちです。

子どもが失敗したらかわいそう、つらい思いをさせたくないと願うあまりの行動ですが、どちらも子どもが自分で考える力を奪い、真の意味での自立を遠ざけてしまいます。

〝待つ〟ことに関して、中国にこんなお話があります。

昔、宋《そう》の国に一人の農夫がいました。彼は畑に種をまき、芽が出ると大変よろこびました。ところが毎日畑を見に行っても、ちっとも育っているように見えません。心配のあまり彼は、苗が早くのびるようにと毎日引っ張ってあげました。その結果、大事な作物はすべて枯れてしまいました……。

「助長」という熟語のもととなったお話です。

農夫は、こころから作物の成長を願っていたはずですが、それが必ずしも作物の成長リズムと合っていなかったため、成長をうながすどころかかえって育ちを阻《はば》む結果になってしまったのです。

子育てにおいても、子どもを手助けするつもりが、本当の要求をきちんと捉《とら》えていないと、子どもの育つ力を阻害《そがい》する可能性があるわけです。

今は叱るのが必要なときか、そっと抱きしめてあげるのが必要なのか、あるいはヒントを必要としているのか、子どもをよく観て、タイミングを見計らって、適切なときに適切なかかわりをしていきたいものですね。

column

いるのにいないママになっていませんか？

筆者の教室で、こんな出来事がありました。

私の話を聞いていたお母さんが熱心にメモをとりはじめたとたん、さっきまでおとなしく座っていた子どもが急に泣き出したのです。「ママはここだよ」とお母さんは不思議そうです。

このとき、子どもはお母さんが突然いなくなったので泣きだしたのです。からだはそこにあっても、メモをとることに集中するあまり、お母さんの気持ちが子どもからそれてしまったのを感じとったのです。同様に、子どもと目が合ったけれど特に反応もせずに視線を外したりしても、子どもはぐずりだしたりします。子どもにとっては、お母さんの動作やスピードが、まるで自分の存在を無視しているように感じられ、不安になるのです。

出かける前の準備でバタバタしているとき、ママ友との会話で盛り上がっているとき、下の子の世話をしているときなどにかぎって子どもがぐずったり、やけにまつわりついてくるとしたら、自分の動作やスピードが、子どもの存在を無視しているように感じさせていないか、こころとからだを見つめ直してみてください。

PART 2

“感じる”子育てのススメ

子どものこころを感じていますか？

何もしゃべれない赤ちゃんだったころは、赤ちゃんの目を見て、小さなからだの動きを感じて、赤ちゃんがどうしてほしがっているのか、何を考えているのかを一生懸命考えたものでしょう。

ところが、赤ちゃんがしゃべりだし、「自分で！」と主張を始めるようになると、お母さんとの間にバトルが起こりはじめます。

子どもと言葉でコミュニケーションがとれるようになったことで、お母さんが子どものこころを〝感じる〟ことをやめてしまうからです。

子どもは言葉がしゃべれるようになったといっても、すべてを言葉で表現できるわけではありませんし、言われることをすべて受け入れられるわけでもありません。それなのにお母さんは「早く！」と言ったのにグズグズ、ダラダラしている（ように見える）子を見ては、「どうして言うことをきかないの！」「なんて反抗的なの！」

と怒ってしまうわけです。

子どもの本当の気持ちやからだの声をちゃんと感じれば、そんなムダなイライラをかかえずにすむようになります。

いろいろな人のアドバイスを聞くことも大切ですが、わが子のことをいちばん教えてくれるのは〝その子自身〟です。しっかり観《み》て、聴いて、感じる子育てをしていきましょう。

のびのび動けるのは集中しているとき

子どものからだは正直です。集中していればからだはしゃきっとしているし、飽きてくれば背中も首もぐにゃぐにゃと力が抜けてそっぽを向きます。

机に向かって勉強しているように見えても、背筋がぐにゃっと曲がっているようなら、ただダラダラと時間を過ごしているだけかもしれません。「ちょっとおやつ休憩しようか」などと声をかけて、気分転換させてあげるほうがいいでしょう。「机に向かっていればいい」というのは外側だけしか見ていない状態です。ちゃんとこころから取り組んでいるかを観てあげましょう。

ゲームをしているときも同じです。真剣にゲームをしているときは、ソファーに寝そべりながらやっていたとしても、どこかからだの芯《しん》が通っています。ところが、ただやることもないからゲームをやっているときは、からだがぐにゃりと曲がっています。

こんなとき、「ゲームばっかりしてないで、勉強しなさい！」「外にあそびに行ってきたら？」などと言っても、「う〜ん……」と生返事か「えー、なんでぇー」と反抗する声が返ってくるだけでしょう。声をかけるお母さんと、子どもの行動の向きがそろっていないので、子どもは行動する気が起きないのです。

それよりも、「○○をしようか」とお気に入りのあそびや、「買い物に行かない？」「じゃがいもの皮むき、手伝ってよ」などいっしょに取り組める用事に誘ってあげると、子どもは集中力の切れたゲームを手放し、別の行動に移りやすくなります。

とるべき行動を親が押しつけるのではなく、親は子どもが自ら動き出すきっかけを与えるにとどめておくと、子どもは主体性を感じて動けるので満足感があります。親も、「何度言っても動かない！」というストレスから解放されるでしょう。

感じる背骨を育てる

背筋がしゃんとしているのは集中力の証《あかし》ですが、1本の柱のようにまっすぐで、カチコチになっている背骨はよくありません。〝感じる〟子育てのためには、自在に動ける、弾力のある背骨でありたいものです。

実際に背骨は32～34個の小さな椎骨《ついこつ》が積み木のように重なっており、さらに一つひとつの背骨を周りの筋肉で支えているだけです。筋肉をやわらかくして、自由に伸び縮みできて、パールのネックレスのように自由にぐにゃぐにゃと動ける背骨をめざしましょう。

背骨が小さな骨の集まりであることをしっかりイメージして、その一つひとつが自由に動く姿を意識しながら、46ページから紹介する「背骨WAVE」をやってみましょう。

家事をしているときも休んでいるときも、あるいは勉強しているときもあそんでいるときも、暮らしのいろいろなシーンにおいて、背骨がしなやかに連動してよく動いているか、筋肉にムダな力が入っていないかを感じてください。それが、しなやかな背骨を作ることにつながります。

背骨がやわらかくなり、リラックスできると、子どもを観る力が育ちます。すると、子どもに親の言葉が伝わりやすくなり、親子のバトルも減っていくことでしょう。

●背骨の紹介

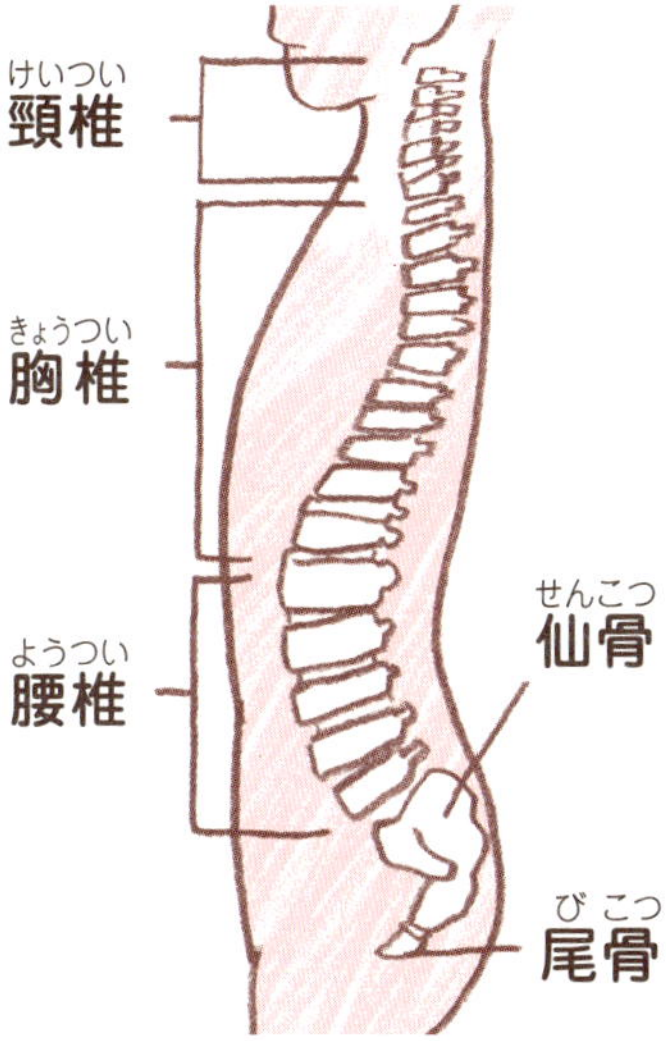

背骨 WAVE ①

【 前後にゆらゆら 】

やや足を開いて立ち、両手を上にあげ、わかめのように前後にゆらゆらと揺れます。下から上に、背骨の波が伝わるように、背骨の一つひとつの動きを感じて行ないましょう。

POINT 慣れてきたら、腕をおろし、ひざをやわらかく使ってからだを前後にウエーブさせ、足から骨盤、背骨、肩甲骨《けんこうこつ》、腕、と動きが伝わるようにします。

背骨 WAVE ②

【 左右にゆらゆら 】

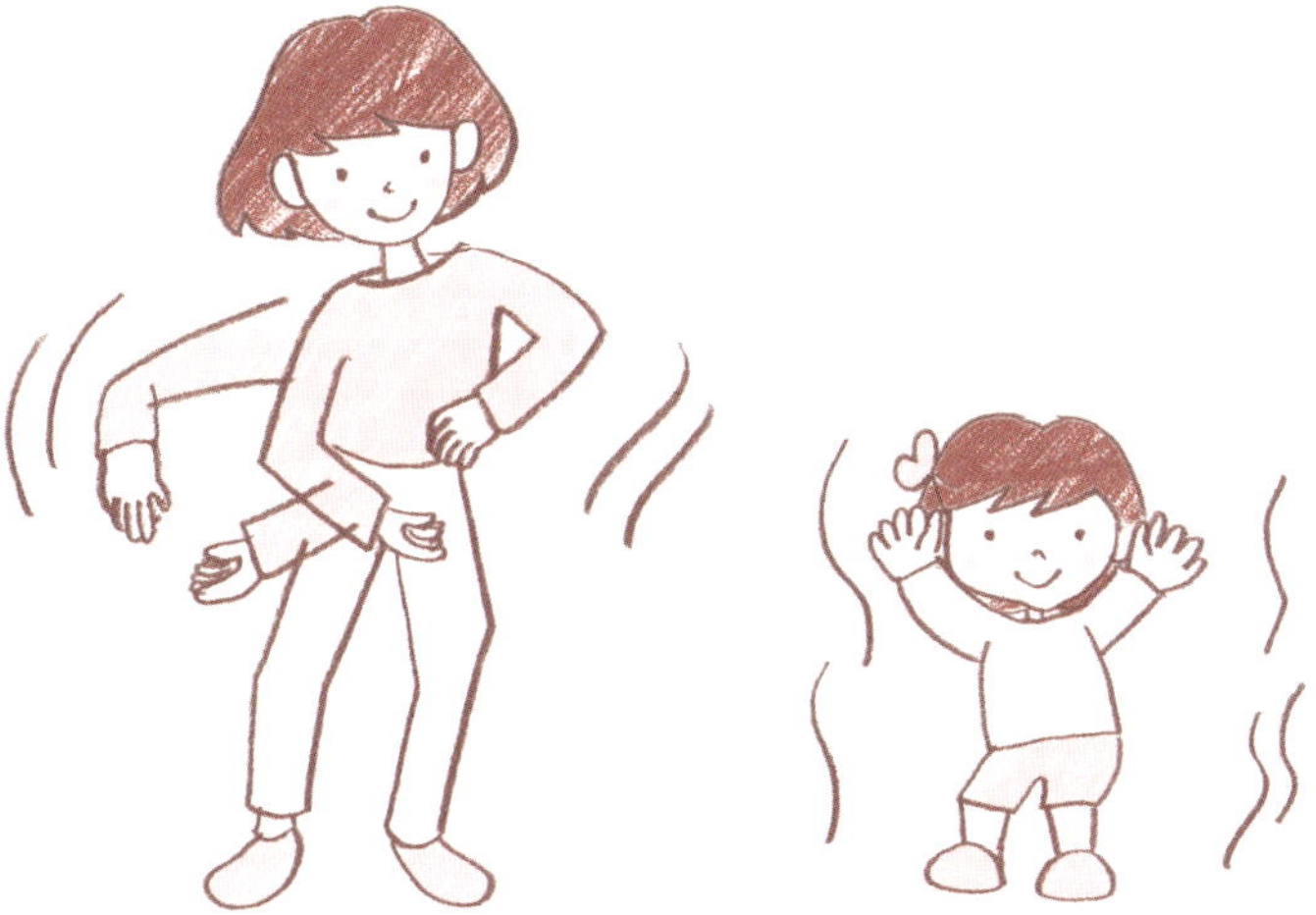

足をやや開いて立って、両手を上にあげ、骨盤（おしり）を左右に揺らします。股関節《こかんせつ》やひざをやわらかくし、力を抜いて左右に波のように揺れるイメージです。

POINT からだを左右に揺らすとき、前後に動いてねじりが入らないように注意します。慣れてきたら腕をからだの前にたらし、背骨の動きが肩甲骨を通じて、腕もゆらゆらと揺れるようにしてみましょう。

背骨 WAVE ③

【 ねじれ WAVE 】

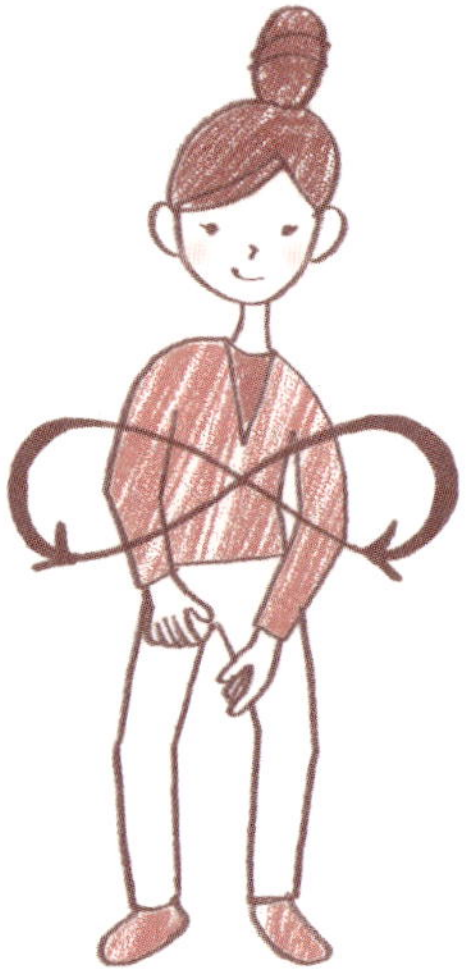

足を腰幅に開いて立ち、ひざをやわらかく使って、肩で風を切って歩くように前後に揺らします。足の間にあるロープを引っ張り上げる様子をイメージしてもいいでしょう。その動きにつられるように、背骨を∞の形に揺さぶります。

POINT 慣れてきたら、足、骨盤、背骨、肩甲骨、腕、と動きが伝わるようにします。難しければ、「ねじり体操」（111 ページ）でもよいでしょう。

ごろごろするのも大切な動き

学校から帰ってきた子どもが部屋でごろごろしていると、「そんな暇あったら、さっさと宿題をしなさい！」と叱《しか》りたくなるのではないでしょうか。

でも、この〝ごろごろ〟は、からだを整えるためには大切なことなのです。

子どもは学校や幼稚園、保育園など、家の外に出れば思いっきりあそんでからだが疲れていたり、子どもなりに気をつかうことがあったりして気疲れしています。そこで、ごろごろすることによって、疲れたからだとこころを整えているのです。

〝ごろごろ〟という動きは、からだが動きたいように動いている状態です。19ページで紹介した「のびのび脱力体操」のごく単純な形が〝ごろごろ〟だと言えるでしょう。

しばらくごろごろ・のびのび自由に動いていると、からだは完全にリラックスして、やがて「よし！」と動きだす元気が満たされます。〝ごろごろ〟は大切な充電時間なのです。

寝返りも、ごろごろ動くことで昼間のからだの疲れを調整しているのです。時折、子どもの寝相が悪すぎるのはなにか悪いところがあるのではないかと心配する方がおられますが、上手にからだを休ませているのですから安心してください。

ごろごろするのは悪いことと決めつけず、お父さん、お母さんも、たまには〝ごろごろ〟して、芯からリラックスしましょう。

とはいえ、目や頭などの神経系の緊張が強いと、なかなかリラックスしにくいものです。そんなときは左に紹介する「アキレス腱《けん》の温湿布」を試してみてください。神経の緊張がゆるんできます。

【アキレス腱の温湿布】

〈蒸しタオルの作り方〉

洗面器に熱めのお湯をはり、タオルの両端は濡《ぬ》らさず、端を持ってねじってしぼります。あてる前に熱すぎないか確かめて。自分にとって気持ちいい温度が適温です。

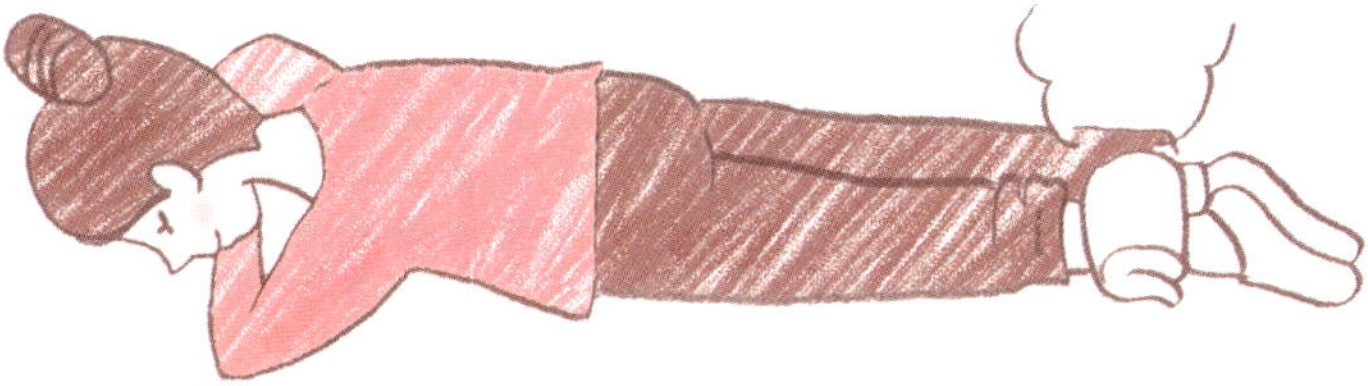

目や頭が緊張していると、アキレス腱がかたくなり、骨盤も緊張したままです。うつぶせになり、アキレス腱をさわってみて、左右のどちらかかたい側（両側のときは両足）を蒸しタオルで８分ほど温めると、全身がゆるんでリラックスできます。

POINT 「こんにゃく温法」（131 ページ）をしたり、浴槽のふちに腰かけて、脚をお湯の中でブラブラさせるのもＯＫです。骨盤が緊張したままでイライラしたり、気が焦ってばかりで呼吸が浅くなってしまったときに、ぜひやってみてください。

本当の要求に気づく

「うちの子は、ちっとも言うことをききません！」

と言うお母さんがおられると、私はこう尋ねます。

「そのときのお子さんの気持ちはどうだったんでしょう？　からだは、どうしたかったでしょうか？」

子どもが言うことをきかないという場合、お母さんは子どもがわがままを言っているように感じますが、別に子どもはお母さんを困らせたいわけではありません。子どもの要求とお母さんの気持ちにズレがあるときに、お母さんが子どもの気持ちを考えずに、お母さんの都合を優先しようとすると、「わがまま」「言うことをきかない」と感じてしまうだけなのです。

たとえば、子どもがすぐに甘えてまつわりついてくるので、家事が進まなくて困っているお母さんがいるとします。「今は忙しいからあとでね」「テレビでも見ていてちょうだい」とお母さんが言うのに、子どもが全然そばを離れないと、お母さんは「ちゃんと言うことをきいて！」と怒ってしまうわけです。

このときの子どもの本当の気持ちは、お母さんが大好きで、いっしょにあそびたかったり、お母さんが家事に夢中だからさびしくなっただけなのです。

まつわりついてくるという表面的な子どもの行動だけに目を奪われず、子どもがそのように行動した本当の気持ちに気づくことが大切です。そうすれば子どもにただがまんをしいたり、むやみに怒ってしまうことにならず、その要求を満たすためにどうすればいいかを冷静に考えることができます。

子どもの要求に気づくことは、お母さんが子どもの言いなりになるということではありません。どちらかががまんをするのではなく、どちらもの要求も叶《かな》えるにはどうすればいいかを考えましょう。

「○○ちゃんのことがだ～い好き。○○ちゃんが大好きなカレーをつくろ♪」などと歌いながら、家事自体をあそびのようにしはじめたり、「おなかすいたよね～。何か食べようか」「○○ちゃんは野菜だったら何が好き？」など会話を楽しみながら家事をしたり、簡単な作業を子どもに手伝ってもらっていっしょに作業するなど、お互いにハッピーになれる方法はいろいろ考えられると思います。

子どもの要求を無視してただがまんさせるのは、子どもの不安や不満を高めてしまうだけです。本当の要求に気づいて、やりたいことをやらせてもらえた子には余裕ができ、〝やりたいこと〟のために積極的にがまんすることもできる子に育ちます。それが本当の子どもの育ちに必要なことではないでしょうか。

また、気持ちの面だけでなく、からだの要求も聞きましょう。よく、「宿題が終わったらあそびに行っていいわよ」と言いますが、からだが「今は動きたい」と思っていたとしたら、机に向かってじっと座って宿題をするのは大変な苦痛です。集中できないので、ぐずぐずダラダラ、なかなか終わりません。その結果、「いつまで宿題やってるの！」とお母さんはイライラして怒ることになってしまいます。

こんなときもやはり、からだの要求を満たしてあげることです。

「5時まで思いっきりあそんで、帰ったら宿題しようね」

そうしてからだが満たされると、宿題にも集中して取り組めます。お母さんはイライラすることはないし、子どもはすっかり満足しておだやかに夕飯が迎えられます。

もちろん、今日は静かに家にいて宿題がしたい、と思っている場合もあるので、「まずはあそばせてから宿題をするのがいい」と決めつけず、その日の子どものこころの声、からだの要求をしっかり感じることが大切です。

やりたいことができて、こころとからだの要求がちゃんと満たされれば、ふつうに言っても通じるのです。

言葉に振り回されない

前項と相反するようですが、子どもの言うことをただそのまま受け止めるだけではダメな場合もあります。

子どもが自分の気持ちをきちんと整理できていないときや、子どもなりのプライドを守りたいとき、親に気をつかっているときなど、子どもが言葉で発することが、そのまま本当のこころの声ではないときがあるからです。

たとえば、ちょっと子どもの様子がいつもとちがう気がしたとき、「大丈夫？」と聞いたところ、子どもは「うん」と答えました。

このとき、子どもは本当になんでもなくて「うん」と言うときもあれば、心配事はあるけれど親に知られたくなくて「うん」と言ってごまかすときもあります。そして、相談したいと思いながらも「うん」と言ってしまうときもあります。

言葉だけに頼っていると、子どものこころの声を聞き逃してしまうことがあります。子どものささいな変化を見逃さない目をもちましょう。

そのためには、マニュアルを捨て、自分で考えることが大切です。また、親自身が自分のこころをちゃんと感じていないと、子どものこころを感じるセンサーも鈍ります。自分のからだとこころにも敏感であるために、リラックスを忘れないでください。

〈「ありがとう」のエクササイズ〉

だれかに「ありがとう」と言われるとうれしいものですね。そのとき、からだはどう感じているでしょうか？　ほっとする、胸があたたかく感じる、からだがゆるむなど、いろいろあると思います。

今度は、そのからだの感じを思い出しながら、毎日がんばってくれている自分のからだに「ありがとう」を言ってみましょう。リラックスできるとともに、明日へのパワーも湧《わ》いてくることでしょう。

気持ちを合わせるにはまずから

子どもがデパートのおもちゃ売り場で「まだここにいる！」と言っているのに対して、「早く行くわよ！」と腕を引っ張っている親子の姿、見たことはありませんか？

このときの親子の力は、「ここにいたい」と「ここから離れたい」という気持ちの動きそのままに、それぞれ反対方向に向いています。結果は、親が力ずくで引っ張っていくか、子どもの駄々に親が根負けするかのどちらかで、いずれにしても片方の気持ちはおさまらないままです。

おふろに入りたがらない、公園から帰りたがらないなど、親子の望む行動の方向がちがうのはよくあることです。そのたびごとに延々とバトルをくり広げるのでは、親も子も疲弊《ひへい》してしまいます。

こんなとき、「子どもの気持ちをいったん受け入れる」というアドバイスがよくありますが、口先だけで「ほんと、もっと見ていたいわね。でも、行くわよ！」と言うのでは子どもは納得しません。親の気持ちが「行く」方向に向いているのが感じられるからです。

○こころの向きもからだの向きも反対だと対立する

親だって、気持ちをすぐに切りかえて子どもの気持ちに寄り添うことが難しいとき、まずはからだを合わせるのがポイントです。つまり、ここにいたいという子どもの背中側に立って、できればしゃがんで視線の高さも合わせて、同じ方向を見てみましょう。子どもが見ている世界、つまり、山のようなおもちゃに囲まれた魅力的な世界が見えるはずです。そして、いっしょにおもちゃを探したり、触れたりして、子どもの気持ちと本当に一つになれると、「あれ、ほしいよね。サンタさんにたのもうか?」とか、「かわいいね。なでなでしてあげよう!」など、子どもの気持ちに立った会話がはずみます。

その自然の会話のなかで、これからの行動について「バスに乗るの、楽しみだね」「お食事、おいしいだろうね」など、子どもが自発的に行きたくなるようにこころの向きを変えてから、「さあ、行きましょう」と、親子そろって次の行動に移ります。

子どもは意外にすんなり、歩きはじめます。お母さんの気持ちが自分に寄り添ってくれたことが、からだを通じて子どもにも伝わったので、子どもはすんなり動くことができたわけです。こころが向いたほうにからだはついてくるのです。

このように、からだを合わせると子どもの気持ちがよくわかり、子どもにもそれがよく伝わって、お互い納得しやすくなるのです。

○こころをそろえると行動が変わる

あそびも〝感じる〟エクササイズ

子どもといっしょにしっかりあそんでいますか?

そのとき大切なのは、子どもをしっかり〝観る〟ことです。好きなあそびは何か、どうするのが好きなのか。また、あそんでいるときの子どもの姿勢や動きのクセ、リズム、呼吸をしっかり観察し、子どもがからだに感じていることを、自分のからだにも感じてみましょう。

親として子どもを観察するのではなく、子どもの気持ちに合わせて、子どもになったつもりで子どものこころを感じてみるのです。子どもが何を感じているのか、からだはどのように反応しているのか、子どもを感じる絶好のチャンスにしましょう。

なによりも、子どもはリラックスの天才です! あそびを通じて子どものやわらかいこころとからだを親も学べる楽しい「親子あそび」をいくつかご紹介します。

親子あそび①

【 輪くぐり 】

親子で向かい合って手をつなぎ、片足ずつ、つないだ腕をまたぎます。手をつないだまま後ろ向きになったら、ややしゃがみながら腕を頭のほうから抜いて、向かい合わせに戻ります。うまくいったら逆回りもやってみましょう。

POINT 相手の動きを感じて、呼吸を合わせるのがポイント。肩甲骨をやわらかくして、楽しくやりましょう。無理に手をつないでいると関節を痛めますので、軽くつなぐだけにします。

親子あそび②

【ゆらゆらわかめ】

「背骨WAVE」（46～48ページ）で背骨をほぐしてからあそびます。一人がわかめになったつもりでリラックスして立ち、もう一人が後ろから肩を軽く押します。押された人は、からだの中心を意識しながら、ひざや背骨をやわらかく使って、押された力を受け流し、からだの中心にだんだんと動きがおさまるようにし、やがて止まります。左右の肩を交互に3回ずつ押したら交替します。

POINT 揺れる時間の長さやうまさを競わないこと。自然に揺れて自然に止まると、気持ちもすっきりしてきます。

親子あそび③

【まねっこあそび①】

親子でいっしょに、いろんな動物のまねをしてみましょう。いぬ、うさぎ、鳥、へび、魚など、いろんな動物になりきって、からだのいろいろな動きを味わいます。

POINT 動物はみんな、背骨から動いています。動物のまねをすることで、手先や足先から動くクセを修正して、背骨から動く感覚がつかめます。

親子あそび④

【 まねっこあそび② 】

親子で向かい合って、子どもの動きを親がまねします。動きだけでなく、姿勢や呼吸、緊張している部分やゆるんでいる部分などまでまねします。座ったり、寝転んだりしてもＯＫ。次第に息が合ってきたときの一体感を楽しみましょう。

POINT 慣れてきたら、親の動きを子どもがまねするパターンにも挑戦してみましょう。小さい子は、気が向いたときに自然にまねをします。子どもが動きたくなるような楽しい動きを工夫しましょう。

PART 3

こころが通じる“整体的”叱り方

叱るときもリラックス

子どもを叱《しか》らないですむことが、必ずしも子どもとこころが通い合った、イライラしない、リラックスできる子育てというわけではありません。叱るべきときには叱らないと、伝わらないこともあります。

とはいえ、叱るとなると、声を荒らげて、子どもが泣いて謝ることが目的かのようになってしまう人もいます。それでは親も子も少しも幸せではありませんし、本当に伝えたかったことは何も伝わらないでしょう。

「こういうときにはこういう言い方をしなさい」「こんなときはこうすればいい」というような、いつでも、どんな親子にでも通用する〝理想的な叱り方〟のマニュアルというのは存在しません。叱るときは、親と子は一対一。子どもをしっかり観《み》て、感じて、叱ってほしいと思います。

これからお伝えするポイントを心がけていただければ、親子ともリラックスして、より深いところでこころが通い合う関係が築けます。

こういった関係を築いておけば、相手のことを〝感じる〟ことができます。つまり、仮に大声を出して怒ってしまうことがあっても、相手を無視して一体感を壊すようなことは自然となくなっていくでしょう。

❶リラックスして世界をひとつにする

まずはリラックスして、子どもと世界をひとつにしましょう。つまり、子どもとからだの感覚を共有することです。

子どもの気持ちや要求、その子の感受性を無視して親の言うことだけきかせようとしても、コミュニケーションは成り立ちません。

コミュニケーションとは〝双方向〟です。親の言うことが通じないと言う前に、親が子どもの言うことをきいているか、からだにあらわれた本当の気持ちを感じているか、考えてみましょう。

いつでも、相手の気持ち、こころの要求からスタートすること。このステップをとばしてしまうと、いくら叱り方をよくしようと努力しても、通用しません。

リラックスした一体感を味わえるエクササイズを紹介します。背中合わせになって感じ合っていると、世界がひとつになっていきます。

【背中合わせ】

リラックスした状態で、正座になって、背中を合わせます。お互いのぬくもりや呼吸、気配などを感じ合いましょう。小さな子は、うつぶせになった親の上にあおむけに寝て、背中合わせになってもOKです。

POINT **もたれかからず、かといって離れすぎず、ほどよくふれあう距離感で行ないます。抱っこや自然なふれあいのときも、相手を感じるようにしましょう。**

❷よりよい方向へ導く

子どもの世界に入って一体化したら、子どものやりたいことや要求は満たしつつ、周囲も困らないような方向で、よりよい選択をその子自身ができるように導いてあげます。そのまま子どもの言ったとおりにするのではなく、みんながハッピーになるように、少しだけ進む方向を〝ずらす〟ようにリードしてあげるのです。

上手にリードされれば、子どもは〝やらされている〟感じがしないので、ちっともイヤだと感じません。自分のやりたいことが自分でできたという心地よさすら抱きます。

気をつけたいのは、子どもの言葉や行動の背後にある真の要求を見逃さないこと。ちゃんと子どものこころを観ず、ただ子どもの言いなりになっていると、子どもはいつまでたっても満たされず、無茶な要求をくりかえすことになります。

郵便はがき

料金受取人払郵便

京都支店
承認

2157

差出有効期間
平成26年11月
30日まで

(切手は不要です)

601-8790

207

京都市南区西九条
北ノ内町十一

PHP研究所
家庭教育普及部
お客様アンケート係　行

1060

ご住所 □□□-□□□□		
お名前	ご年齢　　歳	お子様のご年齢　　歳
メールアドレス		

今後、PHPから各種ご案内やメルマガ、アンケートのお願いをお送りしてもよろしいでしょうか？　□YES　□NO

<個人情報の取り扱いについて>
ご記入頂いたアンケートは、商品の企画や各種ご案内に利用し、その目的以外の利用はいたしません。なお、頂いたご意見はパンフレット等に無記名にて掲載させて頂く場合もあります。この件のお問い合わせにつきましては下記までご連絡ください。
(PHP研究所　家庭教育普及部　TEL.075-681-8818　FAX.075-681-4436)

PHPアンケートカード

PHPの商品をお求めいただきありがとうございます。
今後の商品制作のために、あなたの感想をぜひお聞かせください。

お買い上げいただいた本の題名は何ですか。

どこで購入されましたか。

お求めになった理由をお選びください。

1 内容に関心があったから
2 タイトルに興味をひかれたから
3 作者に興味があったから
4 人にすすめられたから
5 その他【　　　　　　　　】

ご利用いただいていかがでしたか。

1 よかった　2 ふつう　3 よくなかった

ご感想などをご自由にお書きください。

日頃どのようなことに興味をお持ちかを、下記よりお選びください。また、その理由や日常生活で困っていること、知りたいことなどをご自由にお書きください。

1 子育て　2 家事　3 料理　4 健康　5 趣味　6 子どもの勉強
7 その他（　　　　　　　　）

❸ 相手の力を使う

子どもの好きなこと、興味のあること、得意なこと、やりたいこと、今のこころやからだの要求などを上手に使うと、子どもの自発的な行動に結びつけることができます。たとえば、グズグズしてなかなか出かける準備をしない子に、大好きな電車あそびにならって、「運転手さん、今日は普通列車じゃなく、新幹線でお願いします」と言うと、「はい、わかりました！」と答えてテキパキとお出かけのしたくができた、というケースがあります。だましたり、おやつやおこづかいなど目先の〝ごほうび〟でとりあえず気をそらせるのとはちがいます。あくまで子どものなかにある要求を活用するだけです。

親が行動や気持ちのうえで、力ずくで、ああしよう、こうさせようと思うとうまくいきません。こころもからだもリラックスして、相手の自発性を引きだすのがポイントです。

❹イメージが浮かぶように叱る

言葉をそれなりに自由にあやつるようになっても、子どもはまだ感性、イメージ中心の世界に生きています。そこで、叱るときも論理で理詰めに説得するのではなく、具体的なイメージが浮かぶように伝えると行動に結びつきやすくなります。

子どものこころにぴったりくる言葉を選び、子どもがどんなふうにイメージするのかを考え、思わずからだが動き、行動が変わるような叱り方をしましょう。

言葉だけではありません。叱るときの口調やリズム、表情、動作のスピードなども大切です。リラックスして、子どもと一体化ができていると、子どものこころにぴったりと合う叱り方ができるものです。

イメージできたとしても、すぐに行動が変わらないこともあります。それでも、具体的なイメージは必ずこころに残り、いつか変化が訪れる時が来ます。安心して、待っていてください。

❺お互いが満たされるように考える

親の言う通りに子どもが動くようになることが〝よい叱り方〟というわけではありません。逆に、子どもが言うことをきかなかったからといって、〝間違った叱り方〟をしたとも限りません。子育ては勝ち負けではないのです。この点を間違えてしまうと、親子関係はすれ違いっぱなしになります。

親の言うことをきかせようと、子どもの気持ちや要求を無視して一方的に怒ってばかりいると、子どもは「この人には何を言ってもムダだ」とこころを閉ざしてしまいます。そうなると、親の言うことも耳に入れなくなります。親子間の信頼関係が失われてしまったのです。

叱るときも、互いの要求が満たされるよう、ハッピーな方向に智《ち》恵《え》を働かせましょう。

〈「みんなハッピー」のエクササイズ〉

あなたにとって、問題となる子どもの行動、変えたい子どもの行動を１つ、挙げてください（子どもがまつわりついて家事が進まない、朝の準備がぐずぐずしている、など）。

その問題と思える行動の背後にある子どもの本当の気持ち、尊重されるべき要求は何かを考えます。その要求を満たすためには、何ができるでしょうか？

みんながハッピーになれる方法を選んでください。

＊52～54ページのお母さんの対応は、「みんなハッピー」の一例です。参考にしてください。

⑥頭をやわらかくする

「これが正しい」「こうするべきだ」「こうしなくてはいけない」。そんなコチコチの頑固な頭からは、子どもの今のこころやからだを見つめた自由な発想はできませんし、子どもをとりまくめまぐるしい変化に対応していけなくなります。

自分で自分を縛るのをやめ、頭の発想を柔軟にして、やわらかい、自由なこころで子どもに向き合いましょう。

なかなか頭がやわらかくならないときは、子どもとあそんで、子どもから豊かな発想力、創造性、柔軟性を学びましょう。電車のおもちゃであそぶとき、子どもは床に頭をこすりつけるようにして電車を動かします。なぜだかわかりますか？　同じようにやってみて、発見を楽しみましょう。からだの感じをありのまま味わって、リラックスするのがコツです。

❼ありのままでOK!

　以上の6つをこころがけ、こころが互いに通い合う関係を築き、いつも一体感のなかで暮らしていれば、あとはどんな叱り方でもOK。大声を出してもいいし、やさしく接してもいい、泣いても笑ってもいい、自分のやり方で好きなようにやってください。ありのままの自分でOKなのです。

　叱っている自分の言葉が子どもにどう響いているのか、それだけは、いつも観ていてくださいね。

叱る前に聴く

子どもが何か失敗をしたときやよくないことをしたときは、親もカッとして反射的に叱ってしまうものです。もちろんそれが子どものためになっていると考えるからでしょうが、叱るその前に、子どもがそのときどんな気持ちだったのか、どんな思いで、何をしようとしていたのか、それを考えてほしいものです。

次のようなケースがありました。

赤ちゃんを寝かしつけたお母さんのもとに、お兄ちゃんがやって来ます。

「やっと寝たんだから、起こさないようにあっちであそんでてね」

そう声をかけて家事にとりかかろうとすると、赤ちゃんの泣き声がします。見に行くと、赤ちゃんのそばにお兄ちゃんがいます。どうやらさわって起こしてしまったようです。

「なにやってるの！　あっちであそんでてって言ったでしょ！」

すると、お兄ちゃんも不満げに返します。

「ママが悪い」

それを聞いてお母さんはカーッとなります。

「あなたが赤ちゃんにいたずらして起こしたんでしょ。あなたが悪いんじゃない。ちゃんと『ごめんなさい』って言いなさい！」

あとは、「ママが悪い」「謝りなさい」の親子バトルです。

「ダメだ」と言ったことを子どもがやって叱る→子どもが反抗する→さらに叱る→子どもがかたくなに反抗する、という似たような親子バトルに心当たりのある方も多いでしょう。

こうなってしまった原因は、お母さんが子どもの気持ちを考えずに、自分の都合だけをぶつけたことにあります。

赤ちゃんを寝かしつけたところにお兄ちゃんが来たということは、お兄ちゃんは、赤ちゃんが寝るまでがまんして待っていたのです。

やっとお母さんに相手をしてもらえると思ったのに、お母さんは「この隙《すき》に家事をすませよう」と焦るあまり、「起こさないでね」と自分の希望だけを伝え、お兄ちゃんの気持ちを聴こうとするのを怠りました。だからお兄ちゃんは「ママが悪い」と言ったのですね。

子どもが叱りたくなるような行為をしたときこそ、子どもの気持ちを聴くようにしましょう。子どもの行動の表面だけを見て、「子どもが悪い」「私は正しい」と決めつけて叱らずに、子どものこころの声を聞くようにしてほしいのです。

きちんと子どもを観ていれば、

「ありがとう、寝るまで待っててくれたんだ。何してたの？」

「おなかすいてない？　おやつあるわよ」

など、ちゃんとお兄ちゃんのことも観ているよ、気持ちはわかっているよ、という思いを伝える言葉がかけられ、親子のバトルに発展することはなくなります。

また、このケースには、もう一つポイントがあります。「起こさないでね」というような〝やってほしくないこと〟をイメージして注意しないということです。

よくも悪くも、子どもは親がイメージしたとおりの行動をするというところがあります。注意をすることによって、お母さん自身が子どもをお母さんが望まない行動に誘導しているというわけです。

つまり、赤ちゃんを起こしてほしくないときは「起こさないでね」ではなく、「赤ちゃん寝たよ。ありがとうね」とやさしい口調で伝え、お互いがやさしい気持ちでいられるようにしましょう。つまり、望ましい行動がもうできてしまっているように子どもに感じさせることがポイントです。

認められたように子どもは育つ

叱るというのは、親の言い分を押しつけるためのものではなく、子どもがよりよく育つことを願っての行為です。しかし子どものことをしっかり感じていないと、叱っても効果がないどころか、かえって悪い結果を導くことがあります。

たとえば、子どもがお片づけをしないとき、

「お片づけしなさいっていつも言ってるでしょう。どうしてできないの！」

と叱ってしまうと、子どものこころのなかには「いつも片づけられない自分」のイメージが形作られます。お母さんが熱心に叱れば叱るほど、〝お片づけできない子〟がスクスクと育っていくのですから皮肉なものです。

叱るときにはいつも、あなたの言葉が子どもにどう響いているか

を感じるようにしましょう。〝自分でお片づけできる子〟に育てたいなら、子どもをどう認めて、どう叱ればいいか、自然にわかってくるものです。

もし、叱られながらでもなんとか片づけているのなら、

「きのうはちゃんとお片づけできたから、今日はたくさんあそべたね。お部屋もきれいで気持ちいいね。今日もお片づけしようか。これはどこに片づける？」

というように、片づけるきっかけへと導いてあげましょう。

きっかけは親が作ったとしても、最終的に〝自分でできた〟という感覚で終われると、自分でできて当たり前、という感覚が子どものなかに育ってきます。

また、「きのうもできた」というように、〝できている自分〟の姿が子どものこころにイメージできるように言葉をかけるのも効果的です。

できない子に「なんでできないの！」と叱っても、何も育ちません。それではただ、親の不満をぶつけているだけです。できる子に育てたいなら、できない子のなかにも〝できる力〟を見出《みいだ》して育てていきましょう。それが、育てるということなのです。

あなたの言葉が子どものこころのなかでどう育っているのか、長い目であたたかく見守りましょう。

【集まる光のストレッチ】

壁に手をついて息を吐きながら、イスに腰かけるように腰を落とします。宇宙から降りてきた光が指先からからだを通ってからだの中心に集まってくるイメージで行ないます。手をつく位置を変えて、いろいろなところをのばしましょう。

POINT からだを気持ちよくするストレッチです。親子いっしょにリラックスしましょう。

どんな叱り方ならOKかを考える

子どもは毎日、何度でも叱られるようなことをします。子どもの育ちとしてはそれが自然なのですが、それで落ち込むお母さんも多いことでしょう。

なぜ、あんなことで叱ってしまったんだろう。

あんなにきつく叱って、こころに傷を残したんじゃないだろうか。

私って、本当にダメなお母さんだな……。

そんなふうに自分を責めて一日を終わっていないでしょうか。

自分の子育てを反省することは大切ですが、それで終わりにしていると、〝失敗した自分〟〝望まない自分〟のイメージをインプットすることになるので、また同じ失敗をくりかえしてしまいます。

今日の叱り方は失敗したと思ったら、時間とこころに余裕があるときに、「では、どんな叱り方をすればよかったのか？」と考えてみましょう。
その際、実際に子どもにどう話しているか、自分の声の調子や子どもの反応、手に触れる子どもの体温、そのときの心の動きなどをリアルに再現してしっかりイメージすることが大切です。うまく叱れているイメージができたら、今日の失敗は忘れましょう。
この作業をくりかえしているうちに、〝理想の叱り方〟が身についてきて、だんだんとうまく叱れるようになっていきます。

〈やさしく触れるエクササイズ〉

手をつなぐ、髪をとかす、だっこをするなど、子どもにやさしく触れます。そのとき、自分の手がどう感じるかではなく、子どもがどう感じているかに意識を集中してみましょう。そして、子どもが感じているように、自分のからだも触れられている感覚を感じてみましょう。だんだんと子どもと同じ感覚を共有できるようになってきます。

自分に接するように子どもに接する

お父さん、お母さんにとって、子どもはどのような存在でしょうか？　子どもは幼くて無力なので、親が育ててあげなければならない、教え導いてあげるものと思っているとしたら、あなたの子育ては苦しいものになっているかもしれません。

なぜなら、子どもは自身のなかに「育つ力」をもっていて、親のできることは、実は限られているからです。それを無理やり親が管理・コントロールしようとすることが、子育てを難しくしている原因です。

また、コントロールするということは、親が〝上〟、子どもは〝下〟という見方をしているといえます。そのため、「あれをしなさい」「そんなんじゃダメ」という言い方をすることになります。育とうとする力を上から押さえつけられれば、子どもは当然反抗します。

たとえば、大人同士の関係で考えてみてください。いっしょに食事をしていて、あなたが先に食べ終わり、友だちがまだ食べているときに、「ホント、あなたはグズねぇ。さっさと食べ終わりなさいよ」と言うでしょうか。あるいは会社でパソコンの操作に戸惑《とまど》っている後輩に、「そんなこともわからないの？　だからあなたはダメなのよ」と言うでしょうか。

また、何か頼みごとをしようとするときは、相手がどんな状況か様子をうかがったり、話しかけるときもタイミングをはかるでしょう。それが「気持ちを観る」ということです。

子どもは自分とは別個の独立した人間として尊重すべきだと思うと、大人に接するのと同じように、むやみにイライラした気持ちをぶつけることもなくなるのではないでしょうか。「自分がされて嫌なことは他人にしない」という昔からの教えは、親子関係でも言えることなのです。

こころに種をまく

せっかく教えたことがすぐに身につかなくて、イライラすることもあると思います。あなたが今日教えたこと、注意したことは、すぐにできることもあれば、いつまでたってもできないこともあります。

そんなときは、子どもという畑に、あなたの言葉の種をまいたと思いましょう。早く出る芽もあれば、なかなか出ない芽もあります。それは畑（子ども）が悪いのではなく、まいた種の咲き時がちがうだけなのです。機が熟して、芽が出る日を待ちましょう。

「○○しないとダメよ」などと子どもの頭に訴えた言葉より、お母さんがリラックスした本当の気持ちで何気なくつぶやいた言葉ほど、子どものこころの深いところに届きます。たとえ時間がかかっても、深いところから芽を出した種は根も深くのびて、子どもの人生をしっかりと支えてくれることでしょう。

PART 4

季節に合わせてからだスッキリ！

自然も人も、変わるのが基本の姿

日本は、四季の変化が美しい国です。

冷え固まった冷たい土の下で冬を過ごした植物が一斉に芽吹く春。夏になれば緑が生い茂り、秋には豊かな実りがもたらされます。自然が絶え間なく姿を変えるように、実は私たちのからだも同じように、季節に合わせて変化しているのです。子どものからだも同じです。

季節の変わり目に体調を崩しがちだったり、なんだか気持ちが落ち着かなかったりするのは、季節の変化にからだの変化がリンクできていないからなのです。

確かに季節が変われば衣替えくらいはしますが、食べ物や生活習慣を四季に合わせて変えようとしたり、季節に応じたからだにつくりかえようとすることはあまりないのではないでしょうか。

季節の変化に合わせてちゃんとからだも変化させていけば、からだは一年中快適に過ごすことができます。からだが快適だとこころはリラックスでき、わけもなくイライラしたり、駄々をこねることもなくなり、親子関係も円満になります。

春には春の、夏には夏の、秋には秋の、冬には冬の、それぞれの季節に合った運動でからだを整えていきましょう。各季節におすすめの整体を紹介していきます。

春は〝ゆるめる〟

春のからだの変化でポイントとなるのは「骨盤」です。

寒い冬の間、ギュッと緊張していた神経系統がゆるみ、後頭骨、肩《けん》甲骨《こうこつ》、骨盤の順に開いてきます。さらに、骨盤を中心とした生殖器系統の働きが活発になります。目や頭の疲れをしっかりとってから、手首、足首、股関節《こかんせつ》、そして骨盤の動きをよくしましょう。

冬の神経系統の緊張が残っていると、春のはじまりにつらくなってしまいます。秋・冬の過ごし方が、春を心地よく迎えられるかどうかに影響するのです。

また、楽しいことを空想すると、骨盤の動きがよくなります。目や頭を休めるだけでなく、こころもポカ～ンとさせて、楽しい空想をすることが、春の季節の波にのるコツです。からだもこころもふんわりと、春モードに切りかえていきましょう。

春の整体①

【 手首のブラブラ・ダンス 】

ひじを肩より上の高さに上げて、手首をブラブラ振ります。リズムにのってきたら、足も、好きなようにステップを踏みましょう。

POINT ふわふわ、ノリノリで、楽しく動くのがポイントです。

春の整体②

【腕のブランブラン】

足を肩幅に開き、ひざを軽く曲げて立ち、腕を肩の高さまで上げます。息を吐いてひざを曲げ、腰を少し沈めるのと同時に、腕を一気に振り下ろします。ブランブランと、振り子のように動く腕の勢いで、腰が上下するようにしましょう。ひざはのびきらないこと。

POINT 吐く息とともに、首、肩の緊張や、頭の中の古い考えが指先から外に出ていくのをイメージします。

春の整体③

【股関節のパタパタ】

座って足の裏を合わせます。足先を手でつかみ、ひざを上下にパタパタと動かし股関節をほぐします。股関節がゆるむと頭もゆるみ、骨盤の動きもよくなっていきます。

POINT 頭がポカ〜ンとなって、あくびが出てくるくらいになると理想的です。

春の整体④

【 足の裏呼吸 】

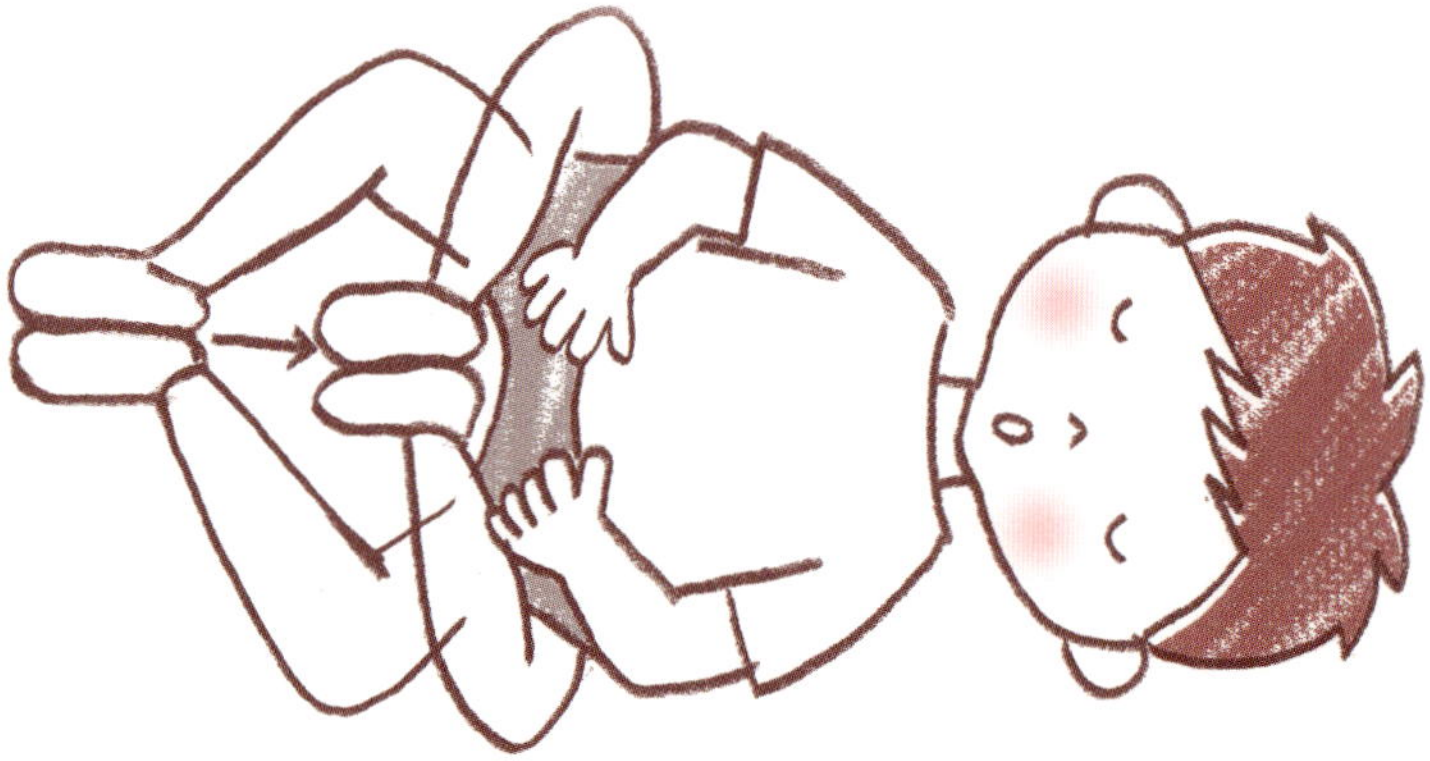

あおむけに寝て足の裏を合わせ、腰がつらくなる手前くらいまで足を引き寄せます。足の裏から息を吸って吐くイメージで呼吸します。腰がゆるんできたらさらに足を引き寄せ、また腰がゆるむまで足の裏で呼吸するようにイメージします。

POINT 足は３～４回に分けて引き寄せます。

春の整体⑤

【 あくびノビノビ 】

あくびをしながら気持ちよくのびをして、脱力します。しばらく動かないで気持ちよさを味わったら、またあくびをしながらのびをします。好きなようにのびて、好きな回数くりかえしてください。縮まりたいときは縮めて、脱力してもOKです。

POINT 寝る前に行なうと、深い眠りが得られます。

初夏は〝出す〟

風も光もどこかやわらかだった春から、光きらめく初夏に季節が移るころ、新緑が芽吹くパワーに合わせるように、からだも排泄《はいせつ》の力が高まってきます。

排泄とは、うんちやおしっこだけでなく、呼吸や汗、皮膚を通じても行なわれます。便秘になると吹き出ものが出るというのを実感しておられる方も多いように、腸と皮膚、呼吸器は関連しているのです。

なかでも汗をかくことは大切です。汗をかくことは有害物質をからだの外に出すことになるからです。せっかくかいた汗を冷やして引っ込めることは、それらを体内に戻すことになってしまいます。

初夏には呼吸器系と皮膚機能、そして肝臓を整えておくと、これから訪れる夏への移り変わりがスムーズにいきます。

初夏・梅雨の整体①

【ブレス・オブ・ファイヤー】

背筋をのばし、鼻から息を強く・短く・速く、リズミカルに「フン、フン」と吐きます。吐くときにおなかが引っ込み、横隔膜《おうかくまく》が上下にゆさぶられることで肝臓がマッサージされます。

POINT 血液循環がよくなり、からだの余分なエネルギーを燃やします。おなかシェイプにも効果があります。

＊生理中・妊娠中の人、高血圧の人、からだに炎症のある人は行なわないでください。

初夏・梅雨の整体②

【 ももの裏のばし 】

ももの裏側（おしりの下あたり）の筋肉をのばします。この筋肉を意識して大股《おおまた》で 10 歩ほど歩くのもいいでしょう。胸が開いて呼吸がラクになり、だるさがとれます。

POINT 湿度の高い梅雨の時期は、呼吸器がくたびれがち。そんなときや、疲れ目に効果的です。「ももの裏筋肉はじき」（108 ページ）も効果があります。

初夏・梅雨の整体③

【サイドラインの手あて】

手のひらをわきの下にあて、肋骨《ろっこつ》が呼吸とともに動くのを感じます。5～10回呼吸したら、そのままからだのサイドラインにそって骨盤の上まで手の位置をずらしていきます。リンパの流れがよくなります。

POINT 手が届かないところは、腕を交差させずに行ないます。湿度の高い梅雨だけでなく、産前・産後や、からだがねじれやすい秋にもおすすめです。

夏は思う存分〝汗をかく〟

夏は、動物も植物も、そしてもちろん人間も、一年中でもっとも活動的になる季節です。呼吸器が活発になり、行動力が増すので、ダイナミックに動き、やりたいことをどんどん行動に移しましょう。

そして、よく汗をかくことが、夏の季節の波にのるポイントになります。

暑いからといって冷たい水ばかり飲んでいると、腎臓《じんぞう》に負担をかけます。熱いお茶を飲んで発汗をうながすほうが、からだの調子がよくなります。

また、汗をかいたとき、そのまま扇風機の風をあびたり、クーラーのきいた部屋に入って、かいた汗を引っ込めないようにすることも大切です。だるさ、頭痛、下痢、むくみなどは汗を引っ込めたために起こる現象です。かいた汗は、しっかり拭《ふ》くようにしましょう。

夏の整体①

【かかとトントン&ケリケリ】

あおむけになり、かかとでおしりの下（ふとももの裏側のつけね）あたりを左右交互にトントンと20回叩《たた》きます。

同様の姿勢から、かかとを突き出すように、床との角度が30～45度になるよう、空中を蹴《け》ります。太ももの裏がのびるのを意識しながら、左右交互に20回行ないます。

POINT 目が疲れたとき、汗を引っ込めたとき、呼吸器がくたびれたときなどは、ももの裏の筋肉が縮んできます。縮んだ筋肉を気持ちよくのばしましょう。

＊ひざ痛、腰痛のある人や、妊娠中の人は行なわないでください。

夏の整体②

【ももの裏筋肉はじき】

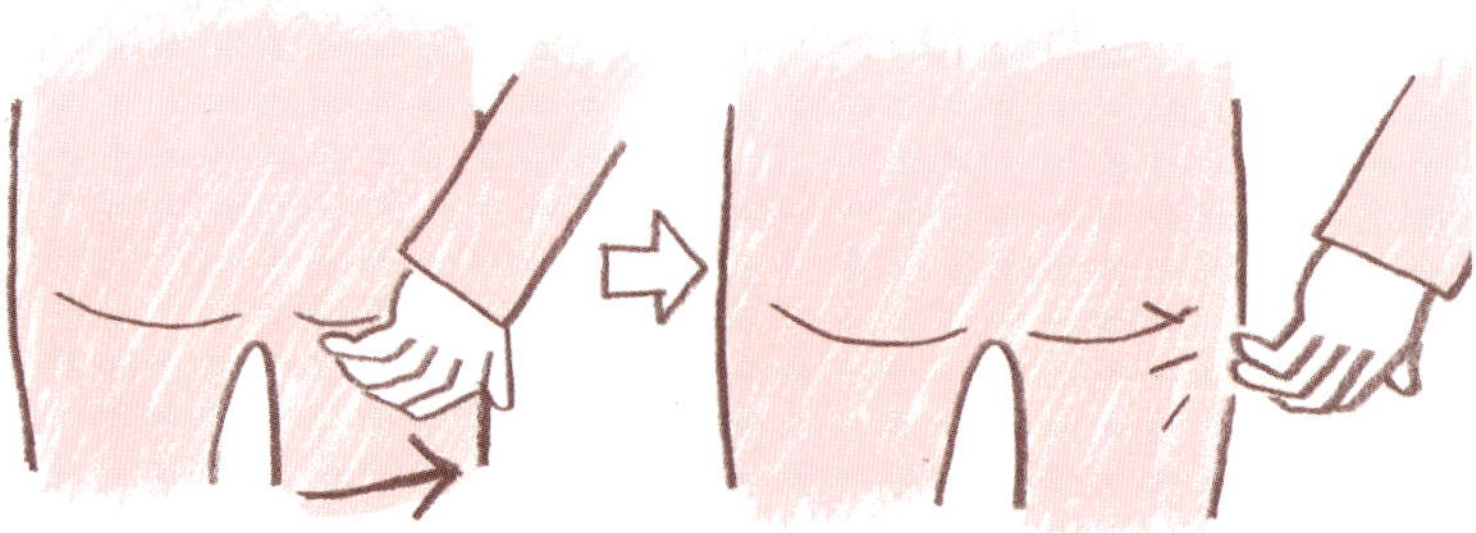

ももの裏（おしりのすぐ下）のまん中の筋肉に人差し指、中指、薬指の３本をあて、外側に向かってすべらせるようにはじいてゆるめます。

POINT 目が疲れたときや夏バテで呼吸が浅くなっているとき、冷房で汗を引っ込めてしまったときなどは、ももの裏の筋肉が縮んでいます。ももの裏の筋肉をゆるめると、胸が広がって、汗をかきやすくなります。

＊妊娠中の人は、かかりつけの医師に相談のうえ、行なってください。

夏の整体③

【へその6点呼吸】

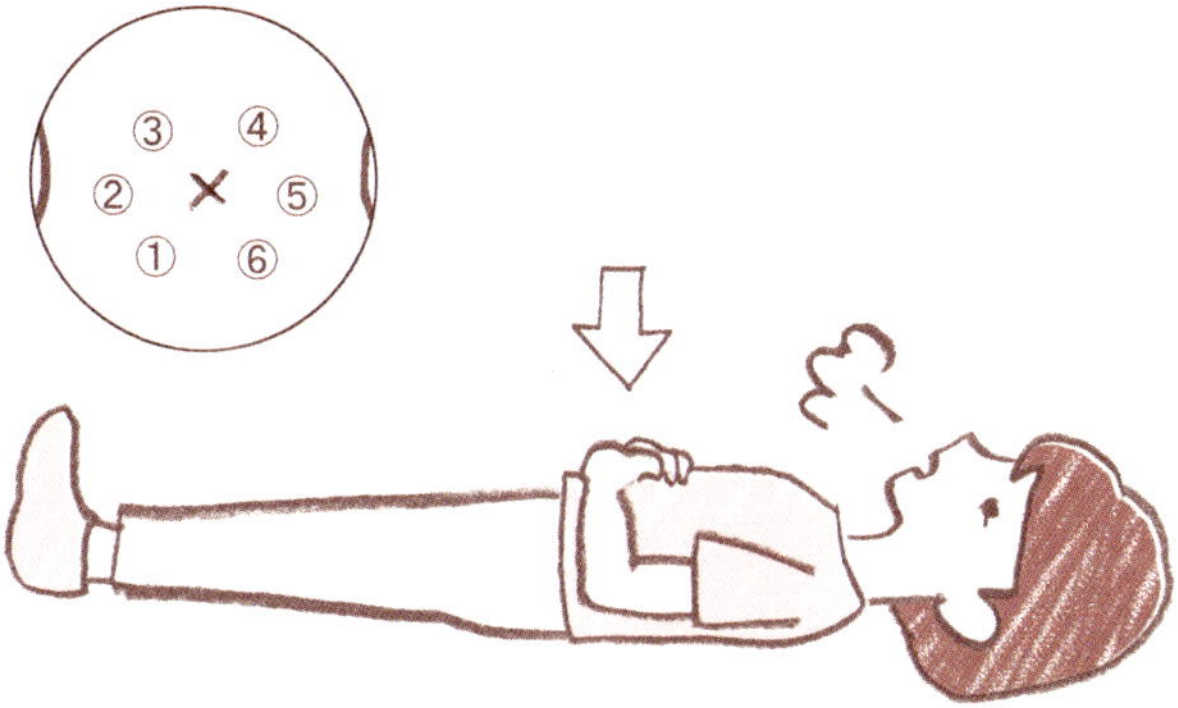

あおむけになり、おへその右下に両手を重ね、息を吐きながら床のほうに押し込んでから、おへそのほうに寄せます。ぱっと手の力をゆるめると息が入ります。同様におへその右横、右上、左上、左横、左下の順に、6カ所を押さえてゆるめることで、おなかに深く息が入るようになります。

POINT 2、3周したら、最後にいちばん気になるところ、かたいところを押さえます。その後、しばらくおへそに手をあてて終了です。おなかに息が入ると、腰が強くなります。腰痛の改善にも効果的です。

＊妊娠中の人はやらないでください。

秋は〝ねじれ〟を整える

ダイナミックに過ごした夏に対して、秋は感受性が深まる季節。皮膚感覚が繊細になり、味覚も薄味がおいしく感じられます。「芸術の秋」と言うとおり、芸術に親しみ感受性を磨くことで、からだが整います。

また、秋は寒さにそなえて骨盤が閉じてくるので、股関節や骨盤、からだのねじれを調整するチャンスでもあります。一方、「冷え」の影響により、からだの片側だけが収縮してからだがねじれやすくなります。まだ寒さになじんでいない秋口は、冷えたときに「足湯」（135ページ）をするのがおすすめです。

この時期にからだを整えておくと、春から初夏にかけての〝排泄〟がスムーズにいきます。秋のリズムをとらえましょう。

秋の整体①

【ねじり体操】

からだをねじる動きは、ぜひ秋にしてほしい運動の一つ。わき腹、内股《うちまた》、股関節、腰椎《ようつい》３番（おへその後ろ）などを意識しながら、左右交互にからだをねじります。でんでん太鼓のように、背骨を軸にして股関節から動き、脱力した腕がからだに巻きつくようにします。

POINT 上記のねじり体操のほかにも、秋には、からだをギューッとねじってポンとゆるめる運動が効果的。ゴルフの素振りもおすすめです。

秋の整体②

【ひざ倒し】

あおむけになり、ひざを立て、床に足をつけたまま、左右交互にパタンパタンと20回、倒します。続けて足を床から浮かせ、左右交互に20回、倒します。

POINT ひざを床につけようと、無理にねじる必要はありません。気持ちよく腰がほぐれるように行ないます。

秋の整体③

【内股ストレッチ】

開脚して、骨盤が立つように背筋をまっすぐにし、深い呼吸を10回、くりかえします。次に、息を吐きながら上体を左に少し倒し、そのまま深い呼吸を10回くりかえします。同様に右、正面も行ないます。

POINT からだを深く曲げることが重要ではないので、深い呼吸ができる程度に、無理のない範囲で前屈します。腰がのびているように気をつけます。最後に内股をトントンと軽く叩いてゆるめます。

秋の整体④

【うつぶせ足の裏呼吸】

うつぶせになって足の裏を合わせ、手のひらを腰のあたり（腎臓）にあてます。腰がつらくなる手前くらいまで足を引き寄せ、足の裏から息を吸って吐くイメージで呼吸します。腰がゆるんできたらさらに足を引き寄せ、また腰がゆるむまで足の裏で呼吸するようイメージします。

POINT 足は３～４回に分けて引き寄せ、最後に肛門《こうもん》をギューッと６回締めます。更年期にもおすすめです。

column

秋の食事は水分を意識して

秋になると空気が乾燥してくるのに合わせるように、人間のからだも乾燥してきます。

水分を補給するのに、夏は熱いお茶を飲むとよく、秋から春の彼岸までは常温の水を飲むほうがいいのです。ところが、秋はからだがねじれたり、乾燥しすぎていると、水をとってもあまり吸収がよくありません。

この時期は、汁ものや鍋《なべ》もの、雑炊《ぞうすい》やおかゆで水分を補うとよいでしょう。それらをとったあとに水を飲むと、吸収がよくなります。

寒くなるにしたがい、お鍋が恋しくなるのには、こうしたからだからの要求があったのですね。

冬はしっかり〝休める〟

冬になると「冷え」対策を考える人が多いと思いますが、実は冬になってしまうとからだは寒さになじんでくるので、「乾燥」への対策のほうが重要になってきます。

体内の水分が減ることが「冷え」を引き起こす原因にもなっているので、冬の季節の波にのるためには、水分補給が大切です。初冬は汁ものなどで温かい水分を、1～2月になると常温の水のほうが吸収がよくなります。

冬はからだを大きく動かすより、内面に目を向けて、からだの感覚を深めるのに向いています。じっくり考えごとをしたり、効率的な勉強をするのに向いた季節ですが、目が疲れやすいので、使ったあとは目も頭もしっかりと休めることがポイントです。

冬の整体①

【目の温湿布】

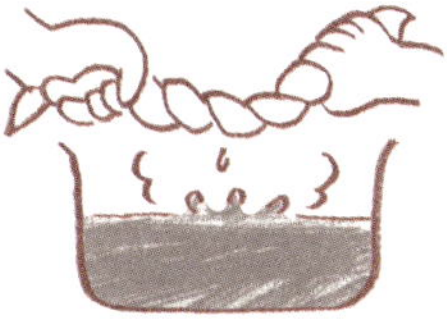

〈蒸しタオルの作り方〉

洗面器に熱めのお湯をはり、タオルの両端は濡《ぬ》らさず、端を持ってねじってしぼります。目にあてる前に熱すぎないか確かめて。自分にとって気持ちいい温度が適温です。

蒸しタオルを作り、目にあてて８分間温めます。ゆっくり横になって、からだ全体の“今の状態”を感じるようにしましょう。途中で冷めてきたら、同じタオルをしぼり直して、蒸しタオルを作ります。目をゆるめるのに効果的です。

＊他に、「アキレス腱の温湿布」（51 ページ）や「足指まわし」（21 ページ）のようなあくびが出る体操も、目や頭をゆるめるのに役立ちます。

冬の整体②

【手首のブラブラ・ダンス】

春の整体①（97ページ）と同様の運動です。しっかりゆるめて休みましょう。最後に親指を軽く引っぱっておくと、動きのよくなった手首が保たれます。

冬の整体③

【腕のブランブラン】

春の整体②（98ページ）と同じ運動です。できるだけ何も考えず、リズミカルに行ない、あくびが出るまでしっかり頭をゆるめましょう。なるべく足の筋肉は使わず、腕の振り子運動で上下します。

冬の整体④

【 からだスキャン 】

背骨をまっすぐにして座り、目を閉じて、頭のてっぺんからつまさきまで、ゆっくりと自分のからだをスキャンするイメージで、からだを感じていきます。細胞の一つひとつまで、今の自分のありのままを感じてください。それだけで、からだは整う力をもっています。

POINT あぐらの場合は、おしりの下に二つ折りにした座布団を敷いて、腰が自然とのびるようにします。あおむけに寝転んだほうがやりやすい場合は、それでもOKです。意識は集中しても、からだはリラックスしています。

四季の汗対策

　夏の項でも取り上げましたが、汗をかくことは大切なからだの機能の一つです。夏の暑いさなかにかく汗、熱が出たときにかく汗など汗とのつきあい方にも注意が必要です。

　熱が出て汗がベタベタしているときは、汗といっしょに有害物質が排泄されているので、服をめくらないようにします。熱が下がる前、汗がサラッとしてきたら、有害物質が出切ったサイン。そこで汗をよく拭いてから汗にぬれた衣服を取り換えるといいでしょう。

　夏風邪《かぜ》が長引くのは、湿度が高くて汗が蒸発しにくいことや、クーラーや扇風機の風にあたるなどして発汗がさまたげられたり、汗を引っ込めてしまうからだと考えられます。特に首の汗を引っ込めると、吐いたり、下痢をしたり、食欲が落ちたりするため、体力的にも精神的にも回復が遅れてしまいます。用心してください。

【首タオル】

汗をかく作業をするとき、首にタオルをかけておくと、風があたって汗が引っ込むのを防ぐことができます。冷房による冷えを防ぐために、首にハンカチを置いたり、ストールを巻いたりするのもおすすめです。

【鎖骨窩《さこつか》の温法】

汗を引っ込めると、首がこわばることがあります。左右の鎖骨の上のくぼみをさわってみて、かたいほうを蒸しタオル（117ページ）で10分間、温めましょう。咳《せき》が出るときにもやってみてください。

【後頭部の温法】

汗を冷やしてしまったとき、後頭部の真ん中の出っ張りに、小さくたたんだ蒸しタオル（117 ページ）を 15 ～ 40 分くらいあてましょう。イスやソファーの背もたれに蒸しタオルを置き、そこに後頭部をのせるようにすると、ラクにあてられます。引っ込んでしまった汗が再び出るのをうながします。

POINT 子どもの場合は 20 分以内にとどめます。3 歳以下の子どもや高齢者には行なわないでください。

PART 5

お母さんのからだを整える

お母さんがまずリラックスするイライラしない子育て

世にイクメンは増えてきているようですが、まだまだ実際の子育ての大半はお母さん一人の肩にかかっていることが多いのではないでしょうか。

子育てしながら家事の全般を切り盛りしつつ、仕事をもっていたりすれば、お母さんのからだはクタクタ、こころもいっぱいいっぱいになってしまいます。

こころとからだに余裕がないと、子どものこころを観《み》るような余裕はなくなり、子どもと対立することが増え、ますますイライラ、クタクタの悪循環に陥ってしまいます。

親子でリラックスしてこころを合わせるために、まずはお母さん自身のからだを整えるのが第一歩です。ここでは、お母さんのからだを悩ませる代表的な症状である肩こり、腰痛、肌荒れ、冷え性、月経痛について取り上げます。

からだの不調がおさまればこころに余裕が生まれ、子どもの言動に余裕をもって対応できるようになります。きちんと対応してもらえた子どもはわがままを言ったりぐずったりしなくなるので、ますますこころとからだに余裕が生まれます。

子どものことを第一に考えるお母さんは素敵ですが、そうするためにも、まずはお母さん自身のからだを大切にしてください。

＊整体は、病気を治すのではなく、からだを整えることで、自然なからだを育てることが目的です。自己診断は危険な場合がありますので、必要に応じて医師の診察を受けてください。

悩み❶

肩こり

肩こりの原因として、目の疲れ、ストレスからくる神経的疲労、首のゆがみなどがよく言われます。目の疲れが原因なら「目の温湿布」（117ページ）を、ストレスが原因なら軽い運動をしたり、気の置けない友人とのおしゃべりなどでストレス解消すれば、翌日にはとれているのが普通です。

ところが、何日も続く慢性的な肩こりの場合、その背景に「食べすぎ」の問題が隠れていることがあります。わきの下の後ろの筋肉がかたくなっていたら、食べすぎている可能性があります。

信じられないかもしれませんが、一日三食、食事の時間になると、おなかがすいていないのに食べれば、少量でもそれは〝食べすぎ〟になります。

エネルギーのとりすぎは、からだにとっては不完全燃焼を起こしているようなもので、かえって負担になってしまいます。

からだが空腹と感じていないのに、頭で「食事の時間だから」と判断して食事をとるということは、からだの声を無視している状態です。からだはどんどん鈍感になっていきます。

反対に、空腹になってからごはんを食べると、ごはんがおいしく食べられます。ちゃんとからだの声をきくと、からだは敏感になっていきます。

肩こりを解消しようと肩のことだけに着目しても、本当にはよくはならないのです。からだの要求を聞いて、からだを整えていきましょう。育児中は、だっこをしたりして肩がこりますね。ムダな腕の力を抜き、「背骨WAVE」（46〜48ページ）でからだをほぐすのもおすすめです。

つらい肩こりをラクにするために、私が考えた肩こり体操をご紹介しておきます。

【肩こり体操】

❶片方の腕を水平かやや上へのばし、もう片方の手はおへその下あたりにあて、息を吐きながら、気持ちよくストレッチします。腕をねじる、手首をそらすなど、肩甲骨《けんこうこつ》周辺のいろいろなスジをのばします。

POINT 股関節《こかんせつ》をゆるめて少し腰をおとして安定させ、からだの中心から腕がのびるつもりで行ないます。

❷後頭部に手をあて、息を吐きながら、いろいろな角度にひじが引っぱられるようにストレッチします。特に、わきの下の筋肉がのびるのを意識します。

❸後頭部にあてた手を、ひじをのばしながらからだの真横よりやや後ろを通って下におろします。肩甲骨がクリッとはがれるイメージで。

❹❶から❸のステップを、腕をかえて同様に行ないます。

❺両手同時に❸のステップを行ないます。からだの中心をしっかりと意識しましょう。

POINT 背骨はまっすぐに保ったままで、からだを傾けたり、腰ごとねじったりしないこと。背骨から肩甲骨がはがれる様子をイメージして行ないます。「背骨 WAVE」(46 ～ 48 ページ)をあわせて行なうと、さらに効果的です。

悩み❷

腰痛

腰はからだの要《かなめ》です。腰痛を甘く見ず、早めに取り去りたいもの。

腰痛の原因として、まずは重いものを持った、ひねったなど外的な要因を考えますが、意外にも目の疲れ、食べすぎ、汗を引っ込めた、ストレスなども関係しているものです。

痛みがあると、どうしても痛いところにばかり注目しがちですが、直接痛いところをいじるよりも、全身のバランスを回復させましょう。ももの後ろ（おしりの下）、内股《うちまた》、側腹（おへその高さのわき腹）に手をあててみて、左右どちらかかたいほうを温めるのも効果的です。慢性的な腰痛なら、腰を温めるとよいでしょう。また、呼吸と動作を合わせる、おなかまで入るような深い呼吸をする、手先だけで動かずに腰から動くなど、生活全般を見直しましょう。

【こんにゃく温法】

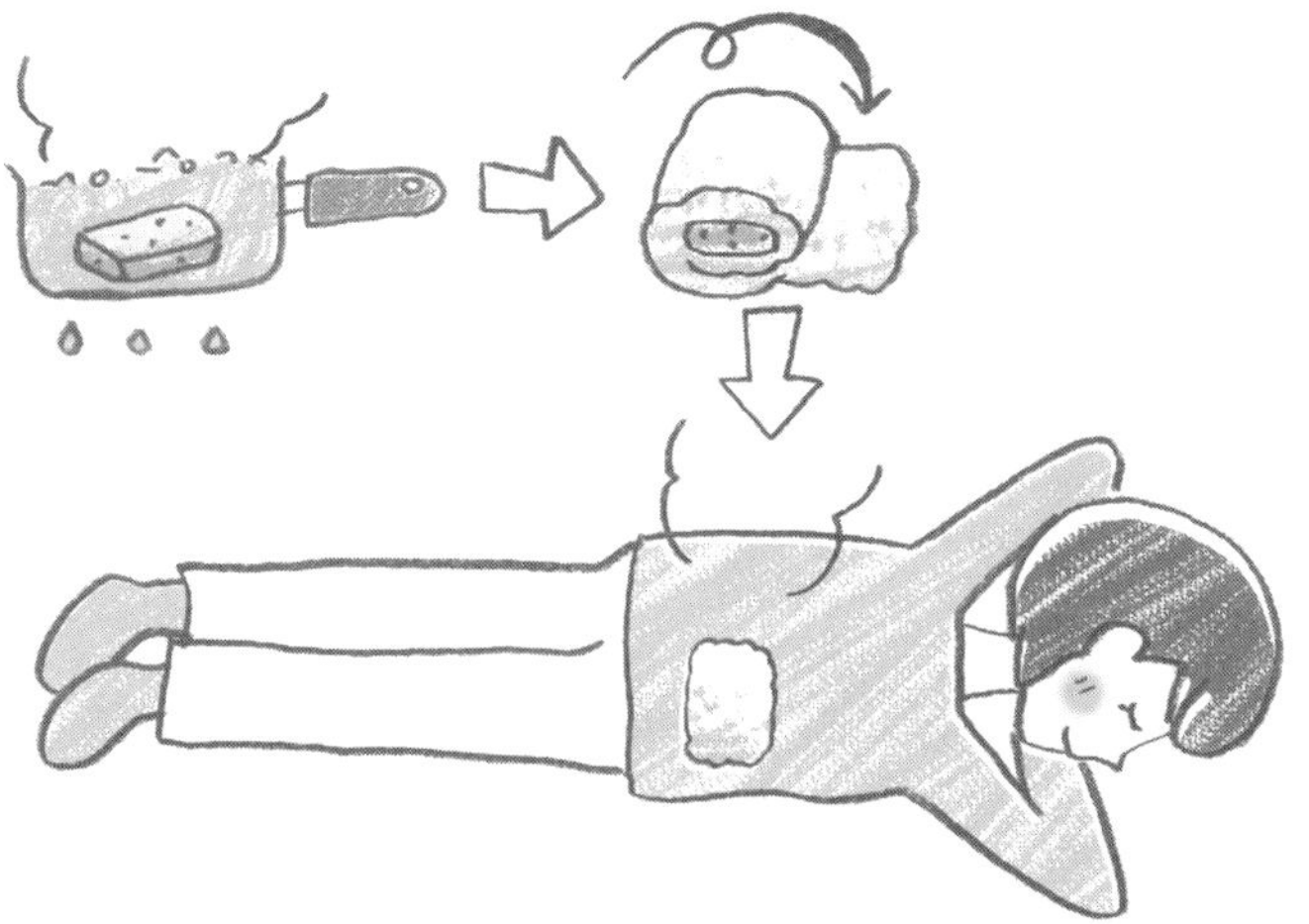

こんにゃくを水からゆで、沸騰したら弱火で30分煮ます。タオルでぐるぐると巻き、これをからだのかたいほうにあてます。蒸しタオル（117ページ）でもOK。

POINT こんにゃくは温かさが長続きするのがメリットです。ただし、首から上（特に目）、鎖骨のくぼみ等は温めすぎるとよくないので、必ず蒸しタオルにしてください。

悩み❸

肌荒れ

皮膚は排泄《はいせつ》する器官なので、肝臓で処理しきれない毒素があると皮膚から排泄しようとし、それが肌トラブルを引き起こします。

食べすぎが考えられるときは、減食（栄養の質を落とす、食事の回数や量を減らす）もおすすめです。

また、皮膚はこころの状態を反映しやすいので、不平・不満などストレスをためないことも大切です。

子どもの場合、不安を感じたり、がまんばかりさせられて、自発性を抑えられているときにも皮膚症状が出ることがあります。

乾燥も肌の大敵なので、冬場は水を少量ずつ、こまめにとるようにこころがけましょう。

【 肝臓の手あて 】

肝臓（右の肋骨《ろっこつ》のすぐ下）に手を軽くあてます。のせた手の重さを感じないくらいやさしくあて、静かに、呼吸とともに動いている肋骨の動きを感じます。手に意識を集中させ、吐く息を長くしましょう。排泄機能が高まります。

POINT 2人で行なう場合は、寝ている人の右側に座って右手を肝臓にあて、左手は軽く肩に触れます。

悩み❹
冷え性

冷え性は、骨盤の動きが悪く、下半身の血行が悪くなっているために引き起こされます。直接的に冷えたことが原因ではないので、季節にかかわらず、夏でも冷え性の人は冷え性なのです。

冷え性を解消するためには、骨盤の動きをよくし、血行をよくすることです。目や頭を休めると骨盤の動きがよくなるので、春の整体（97〜101ページ）で目と頭をしっかりと休めましょう。

冷えるからといって腹巻や靴下などでかばってばかりだと、からだはますます弱くなってしまう場合があります。また、「自分のからだは弱い存在なのだ」というイメージを強調することにもなります。からだとこころの両面から、考えていく必要があります。

からだを温めるいくつかの方法をご紹介しておきます。

冷え対策①

【 冷えの急処 】

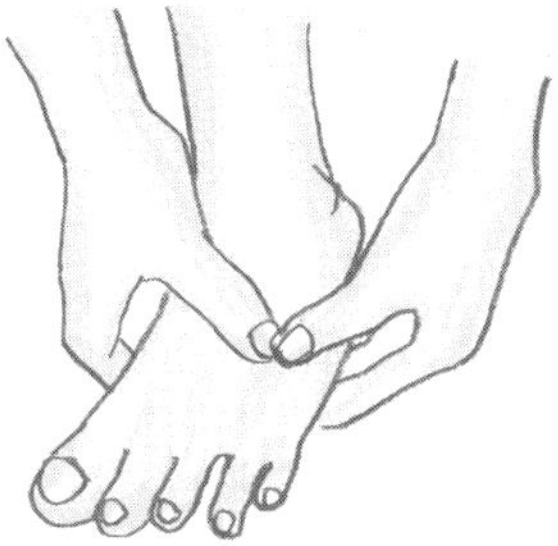

からだが冷えてくると、足の中指と薬指の骨の間もせばまってきます。左右をさわってみて、せまいほうの足を、足首に向かって、広げるように押していきます。

POINT その後、足湯をします。両足６分、押さえたほうの足を２分間、さらに温めます。呼吸が深くなって、からだが温まります。

冷え対策②

【 足湯 】

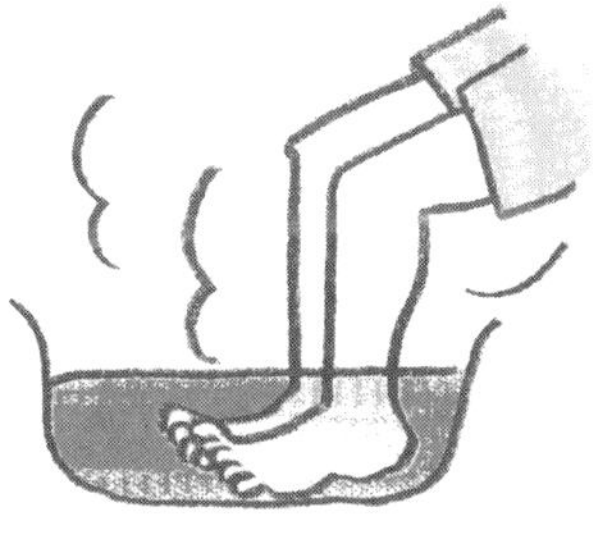

くるぶしの上までつかる程度の熱めのお湯のなかに、両足とも６分ほどつけます。引き上げて拭《ふ》いて、赤くないほうの足だけさらに２分間、お湯の温度を１～２度上げてから温めます。

POINT 冷めたら差し湯をして適温を保ちます。風邪《かぜ》のひきはじめや秋冬の乾燥する季節には、足湯の前か後にコップ１杯の水を飲みましょう。

冷え対策③

【 脚湯 】

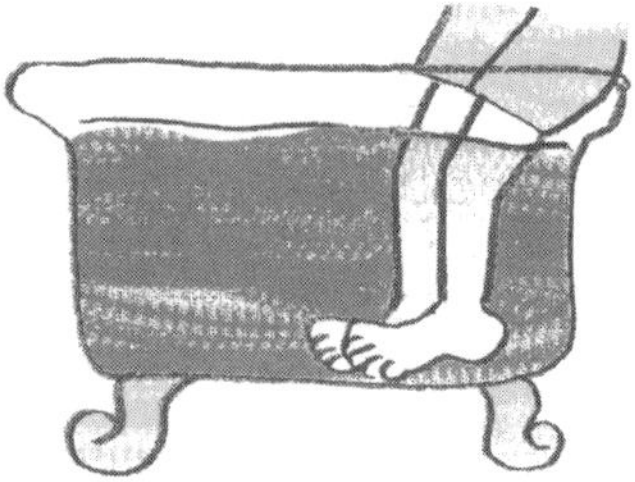

浴槽にひざの上までつかる程度のお湯をはり、ふちに腰かけ、汗ばむくらいまで15～20分、温めます。からだの芯《しん》からポカポカしてきます。

POINT おなかが冷えるときや、冷えて胃腸の調子が悪いときに効果的です。

column

温法でスッキリ!!

からだを温める〝温法〟には、「足湯」「脚湯」のほかに、「アキレス腱の温湿布」（51ページ）や「目の温湿布」（117ページ）などがあります。温法は冷えたからだを温めるだけでなく、部分的な疲労回復にも役立つのです。

全身がぐったり疲れたように感じるときも、本当に疲れているのはからだの一部分です。その部分的に疲労した箇所を温法で温めると、その部分の疲労がとれ、全身がスッキリするというわけです。

悩み❺ 月経痛

月1回の月経に合わせて骨盤は開閉します。このときをスムーズに乗り越えると、弾力に富んだ骨盤でいることができるのです。上手に活用して、からだを整える機会にしましょう。

月経と骨盤の関係は、次のようになります。

排卵日には骨盤がもっとも閉まり、月経が始まる直前から開きはじめます。2日目にもっとも開き、出血も多くなります。3日目には骨盤が下がってきて、このとき下がりが悪いとイライラしたり、目がひどく疲れたりします。4日目には下がりきり、その反動で上がり、閉まってくるのが健康なサイクルです。

月経は4日で経過するのが理想です。6日以上長引くときは、目を酷使したり、骨盤の動きが悪くないか、生活を見直しましょう。

快適な月経期の過ごし方①【月経前】

◉イライラを抑える

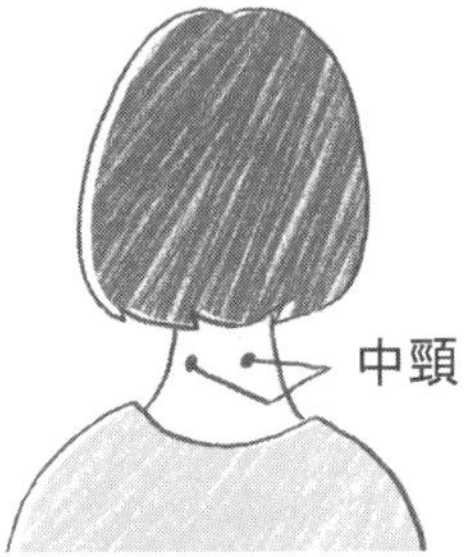

＊中頸は、首の後ろ側の、頭と肩の中間の位置です。

月経の７～10日前から後頭骨が開きますが、スムーズに開かないと中頸《ちゅうけい》が緊張し、イライラや焦りの原因になります。中頸のかたい側を８分間、蒸しタオル（117ページ）で温湿布してゆるめると感情も落ち着き、ＰＭＳ（月経前症候群）症状の多くは改善され、月経をラクに迎えられます。

◉骨盤の開きをスムーズにする

月経前、首の変化のあとに小鼻や乳房がはってきます。手をあててゆるめると、骨盤の開きがスムーズになります。

快適な月経期の過ごし方②【 月経中 】

◉ 1日目、2日目

「足湯」(135ページ)または「目の温湿布」(117ページ)で骨盤をゆるめます。

◉ 3日目

目や頭の緊張があると、骨盤が下がりません。「目の温湿布」でゆるめましょう。「アキレス腱の温湿布」(51ページ)も効果的です。全身がリラックスします。

◉ 4日目

卵巣（恥骨の上5㎝のやや外）に手をあてて意識を集め、下腹が温かく感じられるまで行ないます。排泄《はいせつ》が不完全な場合は、6時間〜2日後にもう一度出血があります。

POINT 月経が4日で終わらないときは終わった日か、その翌日に行ないます。排泄が完全になり、次の月経がスムーズに訪れます。

快適な月経期の過ごし方③【月経痛がひどいとき】

適温の湯に下半身をひたし、半身浴をします。湯ぶねの中におふろ用のイスを入れて座るなどしておへその少し上までお湯に15分間くらい汗ばむまでつかります。上半身が冷えないようにシャツを着ましょう。からだが芯からポカポカします。

POINT 頭の緊張がゆるみ、下半身の血行がよくなります。ポカンとリラックスして、からだの感じを味わいましょう。半身浴をしながら足首をまわすと、骨盤の可動性もよくなります。入浴後、水を飲んでおきましょう。

column

更年期はからだが完成する最後のステップ

更年期というと女性として受け入れがたいと感じる人も多いようですが、実は、更年期もからだを育てるチャンスなのです。

これまでのように若さや体力にまかせた無理はきかなくなってきますので、その分、からだを感じてよりていねいに使う必要に迫られます。からだの感覚を深めるには最適の時期なのです。ムダな力が抜けて、からだの要求をこまやかに感じられる生活にシフトチェンジすると、更年期を経て、からだの完成期へとスムーズに移行できるでしょう。

ただ見た目の若さだけを追い求めるよりも、洗練されたこころやからだの使い方からにじみ出る美しさをめざしたいものですね。

おわりに　～キーワードは「ここちよさ」

最後までこの本を読んでくださり、ありがとうございます。

あくびが出たり、のびをしたり、目や頭がゆるんで、からだを味わうここちよさを感じられたでしょうか？　それとも、実践はこれからでしょうか？

子育ても、自分のからだを整えるときも、ここちよさが感じられるようにするとうまくいくようです。ここちよさを尊重して、自分も子どもも気持ちよく育ててあげましょう。子どもといっしょに笑ったり、泣いたり、怒ったり、ふざけ合ったり、ほほえんで目配せしたり、いつでも心が通じ合っているここちよさにつつまれましょう。

いい親になろう、いい叱《しか》り方をしようと、努力しなくても大丈夫。今の、普段のままのあなたでいいんです。リラックスした普段着の自分でいられるからこそ、自分や子どもの要求を素直に感じることができるのですから。

感じる子育ての実践は、「さかあがり」のようなものかもしれません。

子どものころ、さかあがりを苦労して練習していたときのことを思い出してみてください。できる人のまねをしようとしても、いくらていねいにやり方を教えてもらっても、頭では理解できても、できないうちはどうしてもできません。だけどある日、なにかのはずみでできてしまうと、それからは簡単にできてしまいます。うまくいく感覚をからだで覚えて慣れてしまえば、あっさりとできてしまう。それがさかあがりです。

子育て整体も同じです。本書を読んだだけでは、すぐに変わらないかもしれません。

日々、実践していくうちに、からだが整ってここちよさに慣れてくると、ある日ふいに、できるときが来ます。うまくいく感覚がつかめると自然にできる。それはさかあがりと同じです。でも別に、できなくてもいいんです。それもさかあがりと同じですね。ただ、うまくいくとうれしいし、楽しくなれます。そんなこころがけでのぞんでみてください。

からだの感覚を使って、こころが通じ合っている一体感を感じてください。そのここちよさをはぐくむことで、いろんなことがうまくいくようになります。子どもが変わり、子どもとの関係もがらりと変わります。子育て整体で、つらかった子育てがラクになる快感を、あなたもぜひ味わってください。

ここちよい子育てが広がると、きっとここちよい学校やここちよい職場、ここちよいコミュニティが増えていくことでしょう。皆さん、一人ひとりのここちよい子育てから、ここちよい地球村が育っていくのを願っております。

最後に、この本を世に送り出してくださったPHP研究所の宇佐美あけみ様、本の制作にご尽力くださった株式会社ワードの合力佐智子様に厚く御礼申し上げます。また、整体の道に導いてくださった長谷川淨潤先生、その師の故岡島瑞徳先生に深く感謝の念を捧《ささ》げます。そして、感じる子育てを実際に私に教えてくれたのは、私の子どもたちでした。子どもたちと、そして妻にも感謝の思いでいっぱいです。ありがとうございます。

二〇一二年十一月　井上聖然

著者紹介

井上聖然（いのうえ・しょうねん）

きづきかん・からだ教育研究所代表。

1961 年生まれ。指圧・鍼灸師免許取得後、氣道（現 NPO 法人氣道協会）にて整体・心理指導を学び、指導者となる。NLP（神経言語プログラミング）プラクティショナー取得。

からだを感じる瞑想の体験により、各種の技術を統合。オリジナルの整体指導を始める。

整体指導と、こころとからだを育てる各種講座を開講。子育てで育てられている父親。

著書：『母なる骨盤』『いのちにやさしいリラックス子育て』

きづきかん・からだ教育研究所

〒227-0067 神奈川県横浜市青葉区松風台 14-16
TEL&FAX 045-982-0673 ／ HP http://www.kiduki-kan.com/

親子の体と心をととのえる「子育て整体」

お母さんのガミガミ・イライラ解消！

2013 年 2 月 19 日　第 1 版第 1 刷発行

著　　者　井上聖然
発 行 者　安藤　卓
発 行 所　株式会社 PHP 研究所
　　京都本部　〒601-8411 京都市南区西九条北ノ内町 11
　　　　教育出版部　☎075-681-8732
　　　　普及グループ　☎075-681-8818
印 刷 所　図書印刷株式会社

ISBN978-4-569-80779-9